서정시학 신서 13

동시 교실
지도와 감상

박목월

박목월(朴木月 1916-1978)

경북 경주 출생. 1933년 대구 계성중학 재학중 동시 「통딱딱 통딱딱」이 『어린이』에, 「제비맞이」가 『신가정』에 당선되었다. 정지용에 의해 1939년 『문장(文章)』에 시가 추천됨으로써 시단에 등장하였다. 시집에는 『청록집』(1946. 조지훈, 박두진과의 3인시집), 『산도화』(1955), 『난·기타』(1959), 『청담』(1964), 『경상도의 가랑잎』(1968), 『무순』(1976), 『크고 부드러운 손』(1979. 유고시집)이 있으며, 월간지 《아동》, 《심상》 등을 간행하였고 예술원 회원과 한국시인협회 회장, 한양대 문리과 대학장 등을 역임하였다.
아시아 자유문학상(1955), 대한민국 문학상(1968), 서울시 문화상(1969), 국민훈장 모란장(1972) 등을 수상하였다.

서정시학 신서 13
동시 교실

2009년 6월 15일 초판 1쇄 발행

지 은 이 • 박목월
펴 낸 이 • 김구슬
펴 낸 곳 • 서정시학
편   집 • 최진자 · 인차래
인   쇄 • 서정인쇄

주   소 • 서울시 성북구 동선동 1가 48 백옥빌딩 6층
전   화 • 02-928-7016
팩   스 • 02-922-7017
이메일 • poemq@dreamwiz.com
출판등록 • 209-07-99337

ISBN 978-89-92362-61-0   03810

값 16,000원
잘못된 책은 바꾸어 드립니다.

서정시학 신서

동시교실

박목월 지음

서정시학

머리말

동요와 동시는 가장 깊은 어린이들의 마음의 세계이다. 시로써 그들의 꿈을 기르고, 생활을 맑게 하고, 또한 넉넉한 사람이 되게 한다.

그래서 그들에게 자기들의 느낌을 헤아려 바로잡게 하고, 그들의 꿈을 글로서 나타낼 수 있는 힘을 지도할 수 있다면 얼마나 보람 있는 일일까?

이 작은 책을 꾸민 뜻이 그 길잡이가 되었으면 함이 소원이었다.

그러나 워낙 촉박한 시일에 집필한 탓도 탓이려니와 충분히 재료를 갖추지 못하여 가난한 내용이 되었다.

그런 대로 초등학교 상급반 및 중학교 하급반과 이런 방

면에 뜻을 둔, 어린이들을 지도하는 분에게 도움이 된다면 필자로서 기쁜 일이다.

1957년 10월

박목월

‖ 차 례 ‖

머리말 | 5 |

첫째치. 동시란 무엇인가?

1. 동시란 무엇인가? | 14 |
　　연꽃-윤석중 | 14 | 물방울-장만영 | 17 | 잠 깰 때-윤석중 | 19 |
　　올 르귀에-안데르센 | 20 | 맨드라미꽃-유인자 | 23 | 땅속에 누가 있
　　나봐-작자미상 | 23 | 물과 불-윤석중 | 29 | 걸음마-윤석중 | 30 |

2. 왜 동시를 써야 하나? | 33 |
　　아침 교실-김미숙 | 33 | 새끼차-박노춘 | 37 | 햇빛은 쨍쨍-최옥란
　　| 39 | 감자-권태응 | 41 | 새앙쥐-윤석중 | 43 |

3. 동요와 동시는 어떻게 다르나? | 47 |
　　아롱다롱 나비야-목일신 | 47 | 불-막스 자콥 | 50 | 청소를 끝마치
　　고-강소천 | 52 |

둘째치. 어떻게 표현하나?

1. 말을 닦자 | 56 |

　아기 장갑-박목월 | 56 | 꼬까신-박노춘 | 59 |

2. 표현의 초점을 잡자 | 63 |

　감동 송아지-박목월 | 63 | 자장가-박목월 | 66 |

3. 표현의 가장 소중한 세 가지 문제 | 69 |

　눈 받아먹기-윤석중 | 69 | 산골 시계-박우용 | 73 | 썰매 타기-이길성 | 75 | 하얀 얼굴-박목월 | 76 | 옛날 옛날-박목월 | 77 | 잘 자는 우리 아기-박목월 | 80 | 우리 아기-김인수 | 81 | 봄바람-정임순 | 82 | 시계 학교-강준구 | 82 | 삼월 삼질-박목월 | 84 | 엄마 목소리-윤석중 | 85 | 싸락눈-작자 미상 | 87 | 보름달-윤석중 | 90 | 한개 두개 세개-윤석중 | 93 |

셋째치. 내가 쓴 동시

1. 「눈과 당나귀」 | 102 |

2. 「꽃주머니」 | 106 |

3. 「토끼 방아」 | 110 |

4. 「냇가에서」 | 116 |

넷째치. 동요 동시의 세계

1. 사랑의 세계 | 120 |

    어머니 가슴-박을분 | 120 | 엄마-최수복 | 122 | 까-딱 까-딱-강 소천 | 123 | 강아지래요-김성도 | 125 | 밤중에-이원수 | 127 | 사

슴 뿔-강소천 | 129 | 물새알 산새알-박목월 | 130 |

2. 꿈나라 | 133 |

키대보기-윤석중 | 133 | 분꽃씨-초등학교 학생작품 | 134 | 어른이 되는날-스티븐슨 | 135 | 딴 세상-스티븐슨 | 136 | 챔파꽃-타고르 | 138 | 종이배-타고르 | 139 | 햇님의 여행-스티븐슨 | 141 | 새벽-박목월 | 142 | 그림자-윤석중 | 143 | 눈 굴리기-윤석중 | 144 | 이상한 산골-박목월 | 144 |

3. 그리움의 세계 | 147 |

종이배-타고르 | 147 | 봄-박목월 | 149 | 어깨 동무-윤석중 | 150 | 고향의 봄-이원수 | 152 |

4. 놀음놀이의 세계 | 154 |

꼭꼭 숨어라- | 154 | 숨바꼭질- | 155 | 토끼 숨바꼭질-박목월 |

157 | 쥐의 숨바꼭질-윤석중 | 158 | 기차 놀이-이파봉 | 158 | 느릿 느릿 느림보-박목월 | 159 | 장난 글-이종택 | 163 |

5. 꽃 피는 세계 | 165 |

봄편지-서덕출 | 165 | 제비-한정동 | 166 | 봄비-목일신 | 167 | 뱃사공-이무익 | 168 | 해바라기-윤석중 | 169 | 들국화 필무렵-임인수 | 170 | 가을-최순애 | 172 | 단풍잎-윤석중 | 172 | 나뭇잎-천정철 | 174 | 고드름-유지영 | 175 | 눈-유원익 | 177 |

6. 구름의 세계 | 179 |

조그만 하늘-강소천 | 179 | 바람-로세티 | 180 | 봄바람-강소천 | 181 | 비-윤석중 | 182 | 여우비-박목월 | 184 |

7. 꽃나라 새나라 | 186 |

다람쥐-박목월 | 186 | 닭-강소천 | 187 | 제비꽃-장효섭 | 188 | 나팔꽃-곽노엽 | 189 | 외나무 다리-윤석중 | 190 |

8. 자장가 | 193 |
   자장가—이춘원 | 193 | 자장가—최수복 | 195 | 자장가—윤석중 | 197 |
   자장가—박목월 | 198 | 자장가—박목월 | 200 |

◈ 재간행 후기 ◈ | 200 |

첫째치. 동시란 무엇인가

1. 동시란 무엇인가?

연꽃은

해만 뜨면 부시시 깨지요.

연꽃은 연꽃은

세수를 안 해도 곱지요.

「연꽃」 윤석중

윤석중(尹石重) 선생은 우리 나라의 유명한 동요 시인이다. 이분은 30년 동안 동요와 동시만 쓰고 사신 분이다. 이 「연꽃」을 자세히 읽어 보면, 여러 가지 재미나는 사실을 발견할 수 있다. 우선, 이 노래를 풀이해 보면, "연꽃은 해만 뜨면 부시시 깨지요" 라는 구절은, "연꽃은 해만 뜨면 꽃송이가 살며시 벌어진다"는 뜻이다. 그리고 "연꽃은 연꽃은 세수를 안 해도 곱지요"라는 것은 "연꽃은 물로서 씻지도 않았는데, 그야말로 세수를 말끔히 한 것처럼 맑고 깨끗하게 곱다"는 뜻이다. 그래서 이 노래를 쉽게 풀어보면 "연꽃은 해만 뜨면 꽃송이가 펴나고, 물로서 씻은 듯이 아름답다"는 것에 지나지 않다.

이런 것은 누구나 느끼고 생각할 수 있는 아주 대수롭잖은 이야기다. 그럼에도 왜 이 작품이 좋은 동시가 될까? 여러분은 스스로 의심스럽게 여기리라.

그러나 만일 여러분이 그런 의심을 갖는다면은, 내가 몇 가지 질문을 해 보리라.

첫째 질문.

여러분은 연꽃이 해만 뜨면은 부시시 깨는, 그 "부시시 깬다"는 말을 아느냐?

둘째 질문.

"세수를 안 해도 곱다"라는 말과 "물로서 씻은 듯이 아름답다"라는 말이 어떻게 다른가?

셋째 질문.

첫째 줄에는 "연꽃은 해만 뜨면……"이라 하고,

셋째 줄에는 "연꽃은 연꽃은, 세수를 안 해도……" 하고 연꽃을 두 번 거듭 부른 까닭은 무엇일까?

이 질문을 따로 간추려 보면,

① "부시시 깬다" 뜻이 뭐냐?
② "세수를 안 해도 곱다"는 뜻이 뭐냐?
③ 왜 첫줄에는 "연꽃"은 해 놓고, 셋째 줄에는 "연꽃은 연꽃은" 하고 거듭 썼을까?

여러분이 이 세 가지 질문을 다시 한 번 고개를 숙이고 생각해 보라. 이 질문에 확실한 대답을 할 수 있어야 비로소 이 시가 왜 좋은 작품이라는 것을 짐작하게 되리라.

우리 나라에서 시인으로 유명하고, 더구나, 맑고 따뜻한 동시도 많이 쓰시는 장만영(張萬榮) 선생의 작품 중에 「물방울」이라는 것이 있다.

소내기 지나가고

먼 하늘 동트듯 환해지자,

지붕 추녀를 타고 내려오는 빗물이

마당에 조그마한 여울을 만든다.

그러면 그 여울 위에는

수없이 많은 물방울이 생겨 흐르는 물을 따라

앞서거니 뒤서거니

경주하듯 떠내려간다.

물방울은 우리의

귀여운 어린이.

「물방울」 장만영

    소나기가 지나가고, 마당에 흐르는 물을 따라 경주하듯 떠내려가는 물방울들을 "우리의 어린이"라 했다. 초등학교 일학년생들이 교정에 모여 술래잡기도 하고, 뜀질도 하는 모습을 바라볼 때 느끼는 사랑스러운 마음을 물방울에서 느낀 것이다.
    장 선생의 마음이 얼마나 맑고 아름다운가. 그 장 선생님이 쓰신 글에 이런 구절이 있다.

바위 틈으로 흐르는 샘물 같은 조금도 흐리지 않는 마음만이 시를 낳는다.

『현대시 감상』에서

참으로 아름다운 말씀이다. 이 말 중에 두 가지 깊이 생각해 보아야 할 것이 있다.

첫째, "시를 쓴다" 혹은 "시가 된다" 하지 않고, 왜 "시를 낳는다" 했을까?

"쓴다"는 것과 "낳는다"라는 것이 어떻게 다를까? 만일 우리가 일기(日記)를 쓰려면, 그날 겪을 일, 혹은 당한 일, 느낀 것을 찬찬히 사실 대로 기록하면 된다. 그러나 시는 일기를 쓰는 것과는 사뭇 다르다.

일기를 쓰듯, 어떤 사실을 기록하는 것이 아니기 때문이다. 쓴다는 것은 깊이 느낀 것이 없더라도 사실을 사실 대로 기록하면 된다. 그러나 시는 사실을 기록하기보다 더 깊은 마음의 느낌을 표현하는 것이다. 이 깊은 느낌을 감동(感動)이라 한다. 그래서 어느 시인은 시를 "마음의 음악"이라 했다.

또한 프랑스의 어느 시인은 시야말로 "느낌씨에서

피어난 것"이라고 말했다.

"오오 하늘은 푸르다."

"아아 아버지가 오시네!"

우리가 무엇에 깊은 느낌을 나타내는 "오오!"나 "아아"가 느낌씨다.

모자야, 모자야.
오 모자는
저기 저 못에 걸려 잘 있다.

공아, 공아.
오 공은
누나 반짇고리 속에 잘 있다.

딱지야, 딱지야.
오 딱지는
내 호주머니 속에 잘 있다.

나 잘 동안
다 잘 있다. 다 잘 있다.

「잠 깰 때」 윤석중

얼마나 여러분의 마음을 용하고 묘하게 노래한 시이냐.

어린이의 하룻밤은 어른들의 하룻밤처럼 너절한 꿈으로 가득한 밤이 아니다.

이 세상에서 잠 선녀만큼 얘기도 잘하고, 얘기를 많이 아는 분은 둘도 없습니다.

밤이 되면, 어린이들이 얌전히 밥상 앞에 앉았거나, 또한 걸상에 앉았으면 잠선녀가 옵니다. 사뿐사뿐 층층계를 밟고 올라옵니다. 버선발로 올라오기 때문에 부시럭 소리도 없습니다. 그리고 살푼 문을 열고…… 어린이들 눈에 밀크를 한 방울씩 똑 떨어뜨립니다. 참으로 한방울 넣는 데도 어린이들은 껌벅껌벅 졸음이 와서 눈을 못 뜹니다. 그래서 어린이들은 잠선녀를 본 사람이 없습니다. 잠선녀는 어린이들 등뒤에 나타나, 머리 뒤통수에 후하고 가볍게 입김을 붑니다. 그러면 어린이들은 머리가 아리숭해지며, 졸음이 옵니다.

잠선녀는 어린이들을 좋아하고 사랑합니다. 다만, 어

린이들이 떠들면 얘기를 들려 줄 수 없어서 조용히 누워 있도록 재워 놓는 것입니다.

어린이들이 잠이 들면 그 머리맡에 잠선녀는 앉습니다.

잠선녀는 아름다운 비단옷을 휘감고 있습니다. 그 빛깔은 무어라 형용할 수 없습니다. 어떻게 보면 빨갛기도 하고, 초록빛이 되고, 혹은 퍼렇게도 보입니다. 잠선녀는 양손에 두 개의 우산을 들고 있습니다.

아름다운 그림이 그려져 있는 꽃 우산은 마음씨가 착한 어린이 머리맡에 펴 둡니다. 그러면 그 어린이는 밤새도록 재미나는 꿈을 꿉니다. 그러나 다른 한 개는 그림 하나 안 그려졌는 새까만 우산입니다. 그것은 마음씨가 곱지 못한 어린이들 머리맡에 펴 둡니다. 그러면 그 어린이는 꿈 한 가지 못 꾸고 새근새근 자기만 합니다.

「올 르귀에」 안데르센

안데르센의 동화에서처럼 찬란한 꿈이 퍼진 하룻밤이다. 이렇게 여러분이 꿈의 나라의 구석구석을 여행하고 돌아오는 동안 모자도 공도 하물며 딱지조차 제자리에 가만히 있는 것이 신기하다. 이 시에는 그런 여러분의 한량없는 꿈이 어렸다. 그러나 이 작품에는 "오오"의 느낌씨를 그냥 짜 넣었다.

이 "오오"나 "아아"의 감동을 역시 장만영 선생은 좀 더 친절하게 설명해 주었다.

"엄마, 나비 봐!"

장다리 꽃 노오랗게 핀 들밭으로 날아드는 한 마리의 나비를 보고도 어린이는 찬탄(讚嘆: 칭찬하여 탄식하는 것)의 말을 던진다. 극히 짧은 이 한마디의 말은 짧은 대로 하나의 시다. 왜냐하면 그는 벌써 자연을 올바르게 받아들이고 있기 때문이다. 시를 이미 체득(體得: 몸소 경험하여 얻는 것)한 커다란 감동을 갖고 있기 때문이다.

모든 찬탄이란 언제나 아름다운 것, 신기로운 것, 새로운 것, 그리고 최선(最善)의 것을 향하여 외치는 마음의 진실한 소리이다.

『시작법』에서

여러분은 위에 글을 읽고, 시야말로 깊은 느낌—감동에서 우러나는 것이라 함을 깨달았으리라. 그러나 시를 빚게 하는 마음의 깊은 느낌(감동)이 이내 시가 되지 않는다. 그 느낌을 암탉이 알을 품듯, 마음에 두고 두고 간직하면 그 감동이 시를 낳게 한다.

그러므로 시는 짓는 것이나 쓰는 것이기보다 낳는다.

이것은 시를 쓰려는 사람에게 가장 중요한 말이다. 시야말로 감동이 낳게 하는 이 세상에서 가장 오묘한 일이다.

그럼 여러분의 동무가 지은 두 편의 시를 어느 것이 좋은 작품인가 살펴보기로 하자.

장독 뒤에 숨었길래
불러 봤지요.
닭의 볏을 닮아서
깜짝 속았지.

「맨드라미꽃」 유인자

땅 속엔 땅 속엔
누가 있나봐.
손가락으로
쏘옥 올려미나봐
쏘옥 모란꽃 새싹이 나온다.

쏘옥 할미꽃 새싹이 나온다.

땅 속엔 땅 속엔
누가 있나봐.
커다란 솥을 걸고
물을 끓이나봐.
모락모락 아지랑이
김이 나온다.

「땅 속에 누가 있나봐」 국정 교과서에서

첫째 치는 『새벗』 잡지에 실린 광주 수창초등학교 3학년생이 지은 것, 다음 것은 6·25 전에 『소학생』이라는 잡지에 실린, 현상모집에 일등으로 뽑힌 것.
「맨드라미꽃」을 뽑은 강소천(姜小泉) 선생은 다음과 같은 평을 했다.

「맨드라미꽃」은 꼭 껴안고 깨물어 주고 싶게 귀여운 작품입니다. 선자는 몇 번이고 되풀이해 읽어 보았습니다.
"장독 뒤에 숨었길래……"
첫줄에 벌써 마음이 기뻐집니다.

과연 강 선생 말 대로 "맨드라미꽃"이 닭의 볏 같아서 꼬꼬야 하고 불러보는 그 마음씨가 귀엽고, 비로소 깜빡 속은 것을 깨닫는 그 사실이 미소를 자아내게 한다. 이렇게 작은 느낌 한가닥일지라도 소홀히 여기지 않는 것은 놀라운 일이다. 그러나 그런 느낌은 그것으로서 그치고 만다.

자세히 보니, 닭의 볏이 아니고 맨드라미꽃이었군! 하고 돌아서면 잊어버린다. 그러나 「땅속에 누가 있나봐」는 그런 허술한 감동이 아니다.

새싹이 쏘옥쏘옥 나오고, 아지랑이가 모락모락 피는 봄날 들판에 "누군가 땅 속에 있나부다" 여기는 그 누구를 하느님이라 생각해도 좋고, 여러분을 어머니가 낳으셨듯, 겨우내 새싹을 품안에 부둥켜안고 있다가 봄날이 되어 날이 따뜻할 무렵에 땅 위에 쏘옥 내미는 "새싹의 어머니"라 생각해도 좋다.

그분에 대한 감탄과 감사의 뜻이 깊이 스며 있다. 더구나

쏘옥 모란꽃 새싹이 나온다.

쏘옥 할미꽃 새싹이 나온다.

라는 구절의 "쏘옥"이라는 말에 얼마나 깊은 느낌이 스며 있는 것이냐. 그래서 「맨드라미꽃」에서 보다 감동이 크고 넓다.

이것은 중요한 일이다. 참으로 감동이 크면 클수록 깊으면 깊을수록 좋은 시가 된다.

어느 외국 시인는 다음과 같이 말했다.

시야말로 사랑이다.

라고. 큰 감동은 사랑에서 우러나는 것이며, 감동속에 사랑이 깃들어 있다.

시는 마치 우리들이 언제나 잊을 수 없는 어머니나 아버지의 사랑과 같은 것이다. 시를 느낄 때마다 우리의 마음은 아름답고 맑은 것으로 포근히 싸 안아 주는 듯한 느낌을 가진다.

시는 끊임없이 속삭인다.

시는 우리를 꿈꾸게 하고, 깊은 생각 속에 잠기게 한다.

그리고 어머니가 어린 우리를 안으시고 맑고 청명한 아침결에 뜰을 서성거리며 혹은 어두운 밤에 머리맡에서 불러 주시던 자장가와 같은 것이다. 그 자장가야말로 우리가 첨으로 이 세상에서 듣게 된, 평생을 두고 잊지 못할 시다.

「시작법」 무로오

앞에서 동시야말로 어린이의 맑고 아름다운 마음에 가장 깊은 느낌—감동이 낳은 것이며, 또한 감동이 크면 클수록, 깊으면 깊을수록 좋은 시가 되고 사랑이 크면 클수록, 깊으면 깊을수록 감동이 깊고, 크다는 것도 알았으리라.

그럼 첫대목에서 「연꽃」을 들고 물은 세 가지 질문을 살펴보자.

첫째 "연꽃은 해만 뜨면 부시시 깨지요." 라는 첫줄에서 "부시시 깨지요"가 무슨 뜻이냐?

물론 "해만 뜨면 연꽃송이가 벌어진다"는 뜻이다. 그러나 그것을 왜 "부시시 깬다"고 표현했을까?

만일, 여러분에게 동생이 있다고 상상해 보라. 밤새 칭얼거리거나, 보채는 일이 없이 쌕쌕 잘 자고 아침에 해가 뜨자, 눈만 쓱쓱 부비며 슬며시 일어나는 그 귀엽고 착한 모습을 보게 되리라. 그때, 그 "슬며시 깨서 일어나는 것"을 "부시시 깨지요"라고 표현한 것이다.

그러므로 "연꽃은 해만 뜨면 부시시 깨지요"라는 구절은, 그 귀엽고 착한 동생에게서만이 느낄 수 있는 사랑을 연꽃 송이에서 느낀 것이다. 이 한 구절 속에 얼마나 「연꽃」을 지은 분의 넘치는 사랑이 깃들어 있는가. 그분에게는 "연꽃" 송이가 피는 것이 아니라, 귀엽고 착한 어린이가 해만 뜨면 슬며시 일어나듯 했다. 「연꽃」이 좋은 시라는 까닭이 첫째 여기에 있다.

둘째, "연꽃은 연꽃은 세수를 안 해도 곱지요."라는 "세수를 안 해도 곱다"는 뜻이 뭐냐?

물론 "연꽃" 송이가 깨끗하게 아름답다는 뜻이다. 그것을 "세수를 안 해도 곱지요"라고 표현한 것에 어린이다운 감정이 절실하다. 세수를 해야 비로소 얼굴이 참 예쁘다 하고, 아버지나 어머니의 칭찬을 받는 어린이만이 "세수를 안 해도 곱지요"라는 말의 그 놀랍게 고운 것을 짐작하게 되리라.

동시는 어린이 여러분의 시다.

그러므로 이 「연꽃」에는 어린이의 생각과 느낌이

솔직히 나타나 있다. (아동들의 생활 감정이 여실하다.)

시야말로, 자기가 느낀 것을 느낀 대로 나타내는 것이다. 동시는 여러분의 시다. 여러분 마음에 느낀 것은, 어른들과 다르다. 다르면 다를수록 좋은 동시가 된다.

물아,
고마운 물아
불을 꺼주는
고마운 물아.

불아,
고마운 불아,
물을 데주는
고마운 불아.

「물과 불」 윤석중

불을 꺼 주니 물은 고맙고, 물을 데 주니 불은 고맙다. ……이것을 어른들은 아주 싱거운 이야기라 생각할 것이다. 그러나 어른들이 싱겁다고 여기는 것에 이처럼 깊은 감사를 느끼는 것이야말로, 어린이다운 높은 감동의 세계가 있는 것이며, 이 동시가 동시로서의 값어치가 있다.

우리아기 아장아장

걸음마를 배울 때

맨드라미 빨강비로

앞마당을 쓸어라.

「걸음마」 윤석중

이 작품에 대해서, 나는 어느 글에 "안마당에 무지개가 어리도록 신비스럽게 아름다운 시"라고 말했다. 어린 아기들이 정성껏 맨드라미 빨강비로 쓴 마당의 정결함이란 비할 데 없다. 그 정결한 마당에 첫걸음을 배우는 아기의 아장거리는 모습과 처음으로 검은 흙에 발자국을 남기는 첫 발자국의 깊은 뜻과 인상이 어렸기 때문이다. 그러나 그런 아름다움도 "맨드라미 빨강비"라는 어린이만이 느낄 수 있는 한 마디 말에 있다.

여러분은 자기의 느낌을 올바르게 헤아려, 자기 생활에서 느껴지는 것을 잡아야 한다.

셋째.

"연꽃은

해만 뜨면……"과

"연꽃은 연꽃은

세수를 안 해도……"

하고 어떻게 다르냐의 문제. 이것은 좀 여러분이 깨닫기 어려울 것이다. 연꽃은 보면 볼수록 더 아름다워 보이고, 더욱 사랑스러운 마음이 높아지는 그 느낌과 마음을 나타내는 것이다.

해만 뜨면 부시시 깨는구나 하고, 사랑스러운 마음으로서 "연꽃"을 보면 볼수록, 아아 참으로 "연꽃은 연꽃은" 세수를 안 해도 맑고 깨끗하게 예쁘구나! 여겨지는 연꽃에 대한 감탄이 차차로 세차고 높아지는 것을 나타낸 것이다.

엄마,

엄마 엄마,

어느 것이 더 어머니를 간절히 부르는 소리냐? "연꽃은"과 "연꽃은 연꽃은"도 마찬가지 이치다.

그러나 시야말로, 우리의 느낌을 느낌으로서 나타내는 것이다. 그래서 이 「연꽃」에서도 연꽃의 아름다움에 대한 놀라움과 사랑스러운 마음이 차차로 세차게 높아지는 것을 첫줄에는 "연꽃은" 하고, 다음에 "연꽃은 연꽃은"을 되풀이해서 나타내었다.

세 가지 질문의 대답이 끝났다. 동시야말로, 어린이 여러분만이 느낄 수 있고, 생각할 수 있는 그 맑고 아름다운 감동을 감동으로서, 느낌을 느낌으로서 나타내는 것이다.

2. 왜 동시를 써야 하나?

아무도 오지 않는 교실—

말끔히 닦은 칠판이

아침 햇살에 환하다.

책상도 걸상도

얌전히들 앉아 있다.

가방을 풀고

책을 넣고

나는 드르륵

유리창을 열었다.

바람이 시원스럽다.

「아침 교실」 김미숙

서울 종로초등학교 6학년생이 지은 작품이다. 놀랍게 잘 지은 노래이다. 아무도 오지 않는 아침 교실은 새밝은 햇살만 쭉 퍼져 있는 이상한 신선(新鮮)함과 고요함이 깊은 산골짜기에 들어선 것 같다. 참으로 이 시에는 그 신선함과 고요가 어려서 밝고 맑다.

이 아침 교실의 신비스러운 고요함을 경험하는 것이 얼마나 놀라운 일이랴. 여러분의 마음이 가라앉고 조용해진다.

아침 교실의 신선하고 고요한 것을 체험한 탓으로 비로소 무엇을 깊이 찬찬히 생각할 힘을 얻고 기르게 된다.

더구나 아침 햇살에 환한 칠판을 놀라운 눈으로 바라보았기 때문에 그 칠판에 쓰여질 선생님의 말씀이나 글씨가 마음 깊이 스미게 될 것이다.

또한, "책상도 걸상도 얌전히들 앉아 있다"는 구절에는 "다만 빈 책상과 걸상이 얌전히 앉아 있다"는 뜻만이 아니다. 그 걸상과 책상의 임자들의 모습도 하나 하나 머리에 떠올랐으리라. 이처럼 조용히 친구들을 생각해 보고, 비로소 그 친구를 올바르게 친구로서 깨닫게 되리라.

　이 조용한 교실에서 참된 마음으로 친구를 생각해 보고, 비로소 "가방을 풀고 책을 넣고" 그날 하루의 일을 시작한다. "가방을 풀어 책을 넣고"가 아니다. "가방을 풀고 책을 넣고"로서 이 학생이 자기의 행동(行動: 몸짓을 하는 거동) 한 가지 한 가지를 깊이 살피고 생각하는 것을 보라.

　그리고 유리창을 드르륵 연다. 드르륵 하는 유리창 소리가 얼마나 신선했으랴. 그날, 자기의 참된 마음의 하루를 향해서 여는 마음의 창문이요, 그 드르륵 소리다. 비로소 여러분은 이 시의 끝을 맺는 "바람이 시원스럽다." 라는 말이 얼마나 엄청나게 깊은 느낌에서 우러나는 소리라 함을 알게 되리라.

　왜, 동시를 써야 하나, 혹은 우리가 왜 시를 깊이 감상(鑑賞: 살펴서 맛보는 것)해야 하나?

　그것은 어려운 질문이 아니다. 여러분 마음속에 스쳐가는 느낌이나 감동을 종이쪽에 기록함으로써 느낌을 넉넉하게 지닐 수 있고, 또한 생각을 바르게 참되게 기를 수 있다. 이 자기의 느낌이나 생각을 소홀히 하지 않음은 참으로 소중한 일이다

늘 자기의 마음을 살피고, 느낌과 뜻과 생각을 또렷이 헤아려 아는 힘이야말로 우리가 참된 사람, 참된 생활을 이룰 수 있는 것이다.

이것을 역시 장만영 선생은 좀 어려운 말이나 자기 완성(自己完成)이라 했다. 쉽게 참된 사람이 된다는 뜻이다.

가을 밤 하늘에 떠 있는 밝은 달빛을 보고 아무런 감흥도 느끼지 못하는 사람이란 처음부터 얘기가 되지 않는다. 어여쁜 꽃을 보고도 그 냄새를 탐낼 줄 모르는, 이런 예외의 사람을 가지고 말할 것은 더욱 아니다. 인생의 희노애락(喜怒哀樂)은 누구나 다 느낄 수 있는 것인즉 이만한 정서(情緒)와 감정만 있다면 그 다음은 앞에서 말하였듯이 오직 노력만이 남을 따름이다. 작품의 우열(優劣)은 별문제로, 우선 시를 쓸 수 있음은 자기 완성에의 노력 여하에 달렸다고 본다.

왜 자기 완성에의 노력이 필요한가? 모든 시는 그 작가(作家)의 올바른 마음의 표현이기 때문이다. 좋은 사람이라면 좋은 시를 쓸 것이요. 나쁜 사람이라면 나쁜 시를 쓸 것이다. 무서울 만치 이것은 진리이다. 그리고 진리

는 영원한 것이기에 아무런 흐림이 없이 좋은 작품에 그
대로 빚어 나오는 법이다.

『시작법에서』 장만영

　여러분이 자기 마음(생각·느낌·뜻)의 움직임을
맑은 눈으로 자세히 살필 수 있게 되는 것이 시를 써
야 하는, 시를 씀으로 얻는 큰 보물이다. 그러나 이
보물을 얻는 까닭은, 우리가 자기 생활을 좀 더 깊고
넉넉하게 이루려 하기 때문이다.
　여러분은 "생활"(生活)이라는 말을 아느냐? 여러
분이 아는 말 중에 가장 소중한 말의 하나다. 생활이
란 놀고, 친구를 사귀고 학교에 와서 공부를 하고,
사람들과 만나고, 헤어지는 것을 다 생활이라 한다.
더구나, 생각하고 뜻을 지니는 것을 정신 생활(精神
生活)이라 한다.

　　삐익, 빵.
　　덜컥덜푹, 덜컥덜푹, 덜컥덜푹,
　　새끼차가 골목안을 갑니다.

새끼차는 엄마 마중 가는 차,

젖 먹고 싶은 사람 모두 타지요.

새끼차는 아빠 마중 가는 차,

장난감 얻고픈 사람 모두 타지요.

삐익, 빵.

덜컥덜푹, 덜컥덜푹, 덜컥덜푹,

새끼차가 골목안을 갑니다.

「새끼차」 박노춘(朴魯春)

골목 안에서 기차 놀이한 일이다. 나들이 가신 엄마를 기다리면서, 동무끼리 모여, 삐익, 빵 하고 새끼로 줄을 한 새끼차가 달린다. 여러분의 소망이 가득한 하루가 엿보이는 노래다. 이렇게 뛰고 논 일을, 책상 앞에 마음을 모아 조용히 적어 보라. 얼마나 여러분 머리에 그때의 놀음 놀이가 확실히 떠오르며, 또 놀음 놀이하면서 느꼈던 생각들이 새롭게 또록또록한가. 이 마음에 새롭게 느껴지는 생각들을 다시 살펴, 그날 하루의 자기를 살필 수 있고, 자기와 남

사이에 넉넉한 사랑과 너그러운 마음을 지닐 것이다.

여러분의 교과를 엮어 주시는 홍웅선(洪雄善) 선생은 『작문교실』이라는 책에서 다음같이 말했다.

작문이란 우리의 생활을 그대로 글로 나타내는 것입니다. 여러분의 매일 매일의 생활을 그대로 적은 것이 여러분의 작문입니다. 우리는 남을 위해서가 아니라, 우리들 자신의 생활의 발전을 위하여, 우리들의 생활을 솔직하게 표현하는 것입니다.

『작문교실』에서, 홍웅선

햇빛은 쨍쨍 모래알은 반짝
모래알로 떡해 놓고
조각돌로 소반지어
누나 엄마 모셔다가
맛있게도 냠냠냠

햇빛은 쨍쨍 모래알은 반짝
호미 들고 괭이 메고

뻗어가는 메 캐어서

엄마 아빠 모셔다가

맛있게도 나음나음

「햇빛은 쨍쨍」 최옥란(崔玉蘭)

소꿉장난 놀이다. 소꿉놀이할 때 저절로 어린이 여러분의 마음을 울려서 나오는 노래…… 얼마나 아름답고 맑고 귀한 것이랴. 그때 어린이 마음속에 고이는 생각은 너무나 깨끗하기 때문에 30년을 두고, 동요만 지으신 윤석중 선생은 다음같이 말했다.

"늙을수록 젊어지는 게 뭐냐?"
"꼬추!"
이런 수수께끼가 있다.
라는 예를 들어, 늙을수록 젊어지는 것은 여러분의 그 귀한 마음을 지니는 것이라 했다. 그것은 시로서 기르면 오래오래 간직할 수 있다. 역시, 윤 선생은 다음과 같이 말했다.
—오래오래 살 수 있는 길은 나이를 많이 먹는 것이 아니고, 언제까지든지 어린이 마음을 잃지 않는 것이다.

『어깨동무』에서, 윤석중

자주꽃 핀건 자주 감자,
파보나마나 자주 감자

하얀꽃 핀건 하얀 감자,
파보나마나 하얀 감자

「감자」 권태응(權泰應)

  자줏빛 감자꽃에는 으레 자줏빛 감자가 달렸고 하얀꽃이 피어 있는 감자는 하얀 감자가 열렸다는 뜻이다. 그러나 단순하게 그 뜻만 있는 것이 아니다. 자주꽃이 쫑긋이 피어 있는 긴 감자 줄기 아래는 어두운 흙덩이 속에 자줏빛 감자 형제들이 조롱조롱 살고, 하얀꽃이 펴 있는 감자 줄기 아래 흙덩이 속에는 하얀 감자 열두 형제가 오손도손 산다. 혹은 그 어두운 흙덩이 속에 사는 자줏빛 감자 형제들이 줄기 위에 펴 있는 자줏빛 감자꽃 송이를 통해서, 햇님과 바람과 이슬과 별과 얘기를 하게 되고, 또한 하얀 감자 형제들은 땅 위에 하얀 감자꽃을 피우게 해서, 하얀 감자 형제들끼리의 그 정다운 뜻과 사랑을 나타내는지 모른다.

그렇지 않으면 하얀 감자꽃도 땅 속에 사는 하얀 감자 형제들의 막내동생이나 맏형님인지도 모르리라……. 그래서 자줏빛 감자꽃은 "파보나마나" 자줏빛 감자라는 것이다.

이 노래는 자기가 참으로 감자 농사를 지으면서, 못 생겼으나, 어딘지 모르게 귀염성이 있는 감자알 한 개마다, 혹은 감자 형제들이 오롱조롱 달려 있는 감자 포기마다 친하고 사랑했기 때문에 이루어진 것이다.

이것은 감자에만 그치는 것이 아니다. 우리가 참으로 자연에 대하여 가슴을 열고, 친하려는 뜻만 지니면 자연도 가슴을 열어제치고, 그의 오묘한 온갖 모습을 보여 주고, 뜻을 나타내 보인다.

우리가 시를 쓴다는 사실은, 우리를 에워싼 꽃송이와 바람과 돌과 흙덩이와 감자와 콩과 강아지와 당나귀와 쥐와 서로 이야기하고 속삭인다는 뜻이다. 어떻게 그들의 말을 알아들을 수 있고 그들과 속삭이느냐고.

　　새앙쥐 새앙쥐
　　왜 안 자고 나왔나
　　화롯불에 묻은 밤
　　줄까 하고 나왔지

　　새앙쥐 새앙쥐
　　왜 저렇게 뿌연가
　　밤 한톨이 탁 튀어
　　재를 흠박 뒤썼지

　　새앙쥐 새앙쥐
　　어따 머리 감았나
　　부엌으로 들어가
　　뜨물에다 감았지

　　새앙쥐 새앙쥐
　　밤새도록 뭐했나
　　자는 아기 얼굴로

살살 기어 다녔지.

새앙쥐 새앙쥐
왜 또 벌써 나왔나
세수하나 안하나
구경하러 나왔지.

「새앙쥐」 윤석중

아기가 화롯불에 밤을 묻어 두고, 우두커니 앉았으니 구석진 데 생쥐란 놈이 그 또록한 눈을 요리조리 굴리며 쪼봇한 얼굴을 쏙 내밀었다. 참으로 쥐란 놈은 언제 보아도 늘 낯설은 얼굴을 하고 있다. 당나귀나 송아지는 언제 보아도 어디서 본 듯하고 친한데, 쥐란 놈하고는 마음을 턱 놓고 친할 수 없는 그런 얼굴이다.

그래서 아기가

"새앙쥐 새앙쥐
왜 안 자고 나왔나?"

물어보았더니, 생쥐가

"화롯불에 묻은 밤
줄까 하고 나왔지."

염치도 없는 소리를 한다. 그래서 아기와 생쥐는 한참 정답게 얘기를 하다가 잠이 들었다. 그러나 이튿날 아침 아기가 깨어 보니, 또 생쥐가 얼굴을 쏙 내밀고 나타났다.
(저게 왜 또 나왔어?)
아기는 놀라면서

"새앙쥐 새앙쥐
왜 또 벌써 나왔나?"

하고 물어보았더니 또 염치없는 대답을 한다.

"세수하나 안하나
구경하러 나왔지."

그래, 아기는 세수를 안 할 도리가 없다.

이 노래를 보면 알다시피 아기가 생쥐와 버젓이 얘기를 하고 있다. 이, 생쥐와 말을 할 수 있고, 그들의 얘기를 들을 수 있는 것은 우리가 가슴에 지니는 사랑이다. 생쥐를 사랑하지 않으면, 그들의 말을 들을 수 없다.

이 말은 우리가 깊은 사랑을 지니면 지닐수록 자연과 동물의 온갖 모습에서 오묘한 이치를 깨달을 수 있다는 뜻이다. 또한 이 사랑만큼 우리를 참되고 아름다운 사람으로 이루게 하는 것은 없다. 왜 동시를 써야 하고, 감상해야 하는 까닭의 하나는 시를 쓰고 감상함으로 이 귀한 사랑을 넉넉하게 기를 수 있기 때문이다.

3. 동요와 동시는 어떻게 다르나?

아롱다롱 나비야

아롱다롱 꽃밭에

나풀나풀 오너라

붉은꽃이 웃는다

노랑꽃이 웃는다.

앞뜰위에 홀로핀

복사꽃이 웃는다.

너를보고 웃는다.

아롱다롱 나비야

아롱다롱 꽃위에

사뿐사뿐 앉아라

송이송이 꽃속에

고이고이 잠들어

붉은꿈을 꾸어라

노랑꿈을 꾸어라

오색꿈을 꾸어라

「아롱다롱 나비야」 목일신(睦一信)

　글자들 4·3씩 꼭꼭 맞추었다. 이것을 4·3조(調)라 한다. 목청을 돋우어 부르기 좋게 하기 위해서다. 우리 나라에서 옛날부터 내려오는 동요가 많다. 「달아달아 밝은 달아」도 「새야새야 파랑새야」도 옛날 동요다. 그것은 글자가 네 개씩, 4·4조다. 그래서 동요라는 것은 노래하기 위한 것이다. 「아롱다롱 나비야」도, 여러분이 들에라도 나가서, 즐겁게 뛰며 부를 수 있는 노래이다.

　노래이기 때문에 가락을 고르고, 다듬어야 한다. 그러므로 글자를 4·3으로 꼭 맞추어 그 가락을 다듬고 고르었다.

　그러나 동시는 단정하게 가락을 다듬을 필요가 없

다. 여러분 가슴에 이는 느낌을 따라, 그윽한 생각[感情]의 물결을 속삭이듯 나타내면 된다. 동시는 노래하기보다는 생각하고 조용히 속삭이는 것이기 때문이다.

불난 것은
활짝 펼친 공작의 꼬리 위에 피어난
한 송이 장미꽃

「불」 막스 자콥, 박용철(朴龍喆) 옮김

불이났네 불이났네

하고 노래하지 않았다.

불난 것은……

하고, 자기의 느낌을 살며시 폈다. 다시 말하면 느낌을 조용히 마음속에 모아서, 천천히 생각하며, 살피며, 한 가닥씩 풀어 본 것이다.
그러므로 동요는 가슴에 설레는 즐겁고, 슬픈 생각

들을 노래로 뽑았다. 노래로 뽑았기 때문에 동시처럼 시 속에 담겨 있는 느낌이나 뜻이나 생각을 깊이 넉넉하게 담으려는 것이기보다 박자(拍子)의 아름다움을 더욱 중히 여긴다.

어느 외국 시인은 동요와 동시를 다음같이 나누었다.

동 요	동 시
노래한 것.	속삭인 것.
가락을 고르게 뽑아 노래하기를 주로 한 것.	그윽한 감정의 가는 물결을 속삭이듯 나타낸 것.
느낌이나 생각이 밖으로 나타난다.	안으로 생각하는 힘이 세다.
박자의 아름다움.	생각의 흐름이 그윽하게 잔조로움.

그러나 여러분은 동요를 쓸까, 동시를 쓸까 망설일 필요는 없다. 다만, 자기의 느낌이나 생각을 찬찬히

올바르게 기록하려는 뜻에서 붓을 잡아야 한다.

그러나 되도록 동요보다 동시를 써야 한다. 왜냐하면 동요는 가락이 4·4조, 3·4조, 7·5조로 잡혀 있기 때문에 참된 자기의 생각을 깊이 살펴서 담기보다는 곁으로 흘려 버리기 쉽다.

더구나 여러분이 가락을 잡는다는 것은 어려운 노릇이다. 왜냐하면 잡혀진 가락[定型] 속에 새로운 느낌이나 생각을 담기가 가장 힘이 들고, 능란한 솜씨가 필요하기 때문이다.

책상 걸상을 죽 뒤로 밀어놓고
먼지떨이로 구석구석 먼지를 떨고
비로 박박 마루를 쓸고
물로 좍좍 걸레질을 하고

책상 걸상을 제자리에 나란히 해 놓고
맑은 물을 길어다가
교탁과 교단을 다시 닦는다.

비뚜로 놓인 교탁을 바로 놓다가

나는 문득 선생님이 되어보고 싶었다.

"강웅구, 수고했소.

오늘 청소는 만점이요.

인제 집으로 돌아가도 좋소."

언제 와 계셨는지 교실 문 앞에

담임 선생님이 서 계셨다.

나는 부끄러워 어쩔 줄 모르다가

"선생님 청소를 다 했습니다"

선생님도 빙그레 웃으시며

"강웅구, 수고했소,

오늘 청소는 만점이요,

인제 집으로 돌아가도 좋소"

그리고 선생님은

교사실로 가신다.

복도를 쓸던 동무들과

유리를 닦던 동무들이

한꺼번에 "와아" 하고 웃어버렸다.

교사실로 가시던 선생님도
뒤돌아 보시며
다시 한번 빙그레 웃으시었다.

「청소를 끝마치고」 강소천(姜小泉)

 이 시를 읽어 보라. 붓을 잡은 마음이 얼마나 수월하고 겸손하냐. 이런 마음에서 여러분도 붓을 잡고, 자기의 생각과 느낌을 살펴서 시를 지어 보라. 「청소를 끝마치고」에서는 그처럼 평범하고 수월하면서, 야단을 치시지 않고, 빙그레 웃으시며, 교사실로 가시는 인자하신 선생님의 모습이 우리의 가슴을 울리게 한다.

둘째치. 어떻게 표현하나

1. 말을 닦자

빨간 털실 한바람

살살 풀어서

하얀 털실 한바람

살살 풀어서

우리아기 자는 틈에

한코 짜고

우리아기 노는 틈에

한코 짜고

알룩달룩

꼬마장갑

이내 짠다.

「아기 장갑」 박목월

　엄마가 아기 장갑을 짜는 것을 오빠나 누나가 보고 느낀 것이다. 아기 장갑은 꼬마장갑이다. 아버지 장갑은 아버지처럼 투박지고, 엄청나게 크다. 장갑만 보아도 아버지를 느끼게 한다. 그러나 아기 장갑은 조그맣고 귀엽다. 토실토실한 아기 손가락들이 소롯이 들어갈 장갑…… 장갑만 보아도 아기처럼 귀엽다. 그 아기 장갑을 짜려면 아버지 장갑처럼 실이 많이 들지 않는다. 요만큼 한바람…….

　요만큼 한바람의 털실에서 엄마도 누나도 벌써 아기 장갑에서 느끼는 귀여움을 느끼게 된다. "털실 한 바람"에는 엄마의 사랑이 소롯이 스며 있는 길이[長]이다.

　그래서 요만한, 그 길지도 짧지도 않는 부드러운 털실을,

　　빨간 털실 한바람

살살 풀어서……

의, 가볍고 부드러운 "한바람"이라는 말 대신 다른 어떤 말이 있을까?

"한오리"라면 너무 짧고 가늘다.

"한발"이라면 너무 길이를 따지는 말이다.

"빨간 털실 요만큼" 하면, 털실 길이에 스며 있는 어머니의 애정이 잘 나타나지 않는다.

역시, 어머니의 사랑처럼 가볍고 부드러운 "한바람"이란 말이 알맞는다. 어머니의 사랑이 왜 가볍느냐고. 다 큰 자식에 대한 어머니의 사랑이나 혹은 아버지의 사랑은 크고 무겁다. 그러나 어린 아기에 대한 사랑은 깊고 가볍다.

또,

살살 풀어서……

의 "살살"의 조심성 있게 경쾌(輕快)한 동작을 나타내는 이 낱말은 곧 장갑을 뜨시는 어머니의 경쾌한 즐거움이 풀려 나오는 마음의 표현도 된다.

아무리 우리가 오묘하고 아름다운 느낌이나 생각을 지녔더라도 그것을 올바르게 표현하지 못하면 시가 안 된다. 시야말로, 말이 짜 놓은 생각의 아름다운 비단이다.

그러므로 시를 쓰려면 말을 소중히 해야 한다. 말을 소중히 하는 것은 생각을 소중히 하는 것이다. 말이 곧 생각이기 때문이다.

말을 소중히 해서 말의 아름다움을 잡지 못하면 자기의 생각을 오묘하고 날카롭게 나타낼 수 없다.

「아기 장갑」을 다시 읽어 보자.

왜 "한바람"이나 "살살"을 그처럼 생각해서 썼을까? 그것은 꼭 자기 느낌에 맞는 말을 쓰려고 애를 썼기 때문이다.

아장아장 걸음마 배는
우리애기 어디 갔게
꼬까신만 나란히
꽃밭에 가 놓였나
애기 혼자 쨍아 따라

시내가로 갔나베.

「꼬까신」 박노춘(朴魯春)

  돌이 좀 지난 아기가 겨우 걸음마를 배우기 시작했다. 아버지가 아기를 위해서 꼬까신을 한 켤레 사 주었다.
  그러나 하루는 그 꼬까신만 꽃밭에 놓여 있고, 아기는 보이지 않는다.
  어디 갔을까?
  엄마가 눈이 휘둥그래져서 아기를 찾아보았다.
  그러자, 시냇가에서 아장거리고 있다.
  (아아, 잠자리를 따라서 갔었구나)
  하는 노래다.

    애기 혼자 쨍아 따라
    시내가로 갔나베

  라는 구절의 "쨍아 따라"는, 잠자리를 잡으려고가 아니고 팔락거리는 잠자리를 "따라서"이다. "따라서"라는 말에 아기의 철없고 귀여운 모습이 나타난다. 만일, "쨍아 잡으려" 했다면은 꽃밭과 그 꽃밭가에 놓여 있는 꼬까신과 아기…… 이 세 가지의 모조리 귀여운 모습이 함께 어울려 우리에게 말할 수 없는 아름다움을 그림처럼 펼쳐 보이는 이 시의 맛은 달라졌으리라.

왜냐 하면, "잡으려"라는 말은 너무나 강한 뜻을 나타내고, 또 "아장아장 걸음마 배는" 아기의 뜻이 아니기 때문이다.

그리고 "갔나베"는 "갔으리라"는 말의 사투리다. 사투리면서 여간 부드럽지 않다.

"애기 혼자 쨍아따라 시냇가로 갔으리라" 하고 고쳐 보라. "갔으리라"가 얼마나 무뚝뚝하냐. 역시 "갔나베"의 부드럽고 가벼운 말이 더 어울린다.

우리가 글을 쓸 때, 대중말을 써야 한다. 그러나 자기의 참된 느낌을 꼭 사투리로서만 나타낼 수 있다면 사투리를 쓸 도리밖에 없다.

우리 고장에서는

오빠를

오라베라 했다.

그 왁살스럽고 무뚝뚝한 소리로 오라베 부르면

　　나는 앞이 칵 막히도록

　　좋았다.

시의 한 절이다. 오빠는 대중말, "오라베"는 사투리다.

그러나 "나는 앞이 칵 막히도록 좋은 오라베"라는 말을 버릴 수 없다. 우리가 쓰는 말은 그 말을 쓰면서 사는 동안에 온갖 정(情)이 깃들어 있기 때문이다.

'엄마' '어머니' '어메' '어멍' '마마' 다 어머니라는 말이다. 그러나 이 말들에 사람마다 다른 추억을 가졌으리라. 말이야말로 우리가 사는 동안에 사람마다 자기 대로의 생활 속에 익히고 때가 묻고 정이 든 것이다.

여러분은 자기 생활 속에서 익힌 말로서 시를 써라. 「꼬까신」에서 잠자리를 쨍아라 한 것은 그들의 생활에 쓰이는 말이기 때문이다.

2. 표현의 초점을 잡자

송아지 송아지

얼룩송아지

두귀가 새까만

얼룩송아지

엄마젖 쪼울쫄

한통 먹고

호랑나비 따라서

강건너 갔네.

「얼룩송아지」 박목월

털이 새까맣게 기름이 조르르 흐르는 감둥송아지의 귀여운 모습을 노래한 것이다. 그러나 감둥송아지의 어디가 귀여울까?

그 귀여운 점을 또렷하게 드러내야 한다.

다시 말하면 특징을 뽑아내는 것이다. 그래서 그 특징을 두드러지게 살리면서 뜻을 모으도록 표현의 초점(焦点)을 잡아야 할 것이다.

　　송아지 송아지
　　감둥송아지

하고, 아무리 되풀이해도 감둥송아지만으로서는 그 모습이 확실히 드러나지 않는다.

　　두귀가 새까만
　　감둥송아지

비로소 송아지의 모습이 확실해 온다.

왜냐 하면, 그 귀엽고 조그맣고 부드러운 두 귀가 새까맣다는 것으로써 실감이 돌게 하기 때문이다.

표현의 초점을 잘 잡을수록 자기 느낌을 정확하게 나타낼 수 있다.

　　우리아기 형제
　　귀염보 형제
　　두귀가 넓다란
　　귀염보 형제
　　　　자장 자장 자장
　　　　어서 자거라.

　　또록또록 초록별
　　눈 뜨기 전에
　　길다란 속눈썹에
　　졸음 맺는다.
　　　　자장 자장 자장
　　　　졸음 맺는다.

　　자장 자장 잘 자고
　　어서 크며는
　　꽃가마에 태워서

장가 들인다.
　　　자장 자장 자장
　　　장가 들인다.

　　우리아기 형제
　　귀염보 형제
　　두눈이 굵다란
　　귀염보 형제
　　　자장 자장 자장
　　　벌써 잠드네.

「자장가」 박목월

　세상에서 자장가처럼 그리운 노래는 없으리라. 엄마가 해질 무렵에 우리를 업고 부르시던, 혹은 새까만 밤에 머리맡에서 부르시던 그 나직한 노래……평생 잊혀지지 않는 노래다.
　그 자장가 속에 어머니의 사랑과 축복의 부드러운 음성이 깃들어 있기 때문이다.
　자장가에는 그 사랑과 축복이 어렸다. 우리 아기 형제는 귀엽고 귀엽다.

어떻게 귀여운가?

두귀가 넓다란
귀여운 형제

귓밥이 축 처지고 넓은 귀로서 복스럽고 귀여운 모습의 특징을 잡았다. 그리고
"두눈이 굵다란
귀여운 형제"로서 역시 시원스럽게 잘 생긴 아기의 모습을 나타낸다.
둘째 줄에

길다란 속눈썹에
졸음 맺는다.

함은, "길다란 속눈썹"으로서 졸음이 소르르 깃드는 아기의 모습을 나타낸다.
이런 모든 사물의 특징을 잡으려면, 그것을 자세히 살펴 눈여겨보아야 한다. 특징잡는 연습을 하자.

3. 표현의 가장 소중한 세 가지 문제

눈.

눈.

눈.

받아 먹자, 입으로

아.

아.

아.

코로 자꾸 떨어진다.

호.

호.

호.

이게 코지 입이냐.

「눈 받아먹기」 윤석중

함박눈이 설레며 오는 날, 마을 아이들이 모여, 골목길을 내달아 돌아다니며, 얼굴을 치켜들고, 입을 벌려 눈을 받아 먹으려고 했다. 그러나 눈은 좀처럼 입안에 들어오지 않는다. 코에만 자꾸 부딪치며 떨어진다. 그 아이들의 즐거운 마음을 노래하였다.

이 설명을 읽고 여러분은 이상한 느낌을 가지리라.

어떻게 함박눈이 설레며 쏟아지는 것을 아느냐고. 그것은 첫줄에 표현되었다.

눈.

눈.

눈.

하고. "눈"을 한 자씩 세 줄로 나누어 쓴 것으로 알 수 있다. 한 줄로 "눈, 눈, 눈" 하고 썼으면, 눈송이가

펑펑 쏟아지는 뜻이다. 그러나 세로

    눈.
    눈.
    눈.

하고 쓴 것은 함박눈이 아득하게 내리는 그 넓은 하늘과 땅을 뜻한 것이다. "눈"자 한 자가 깔고 앉은 새하얀 자리는 눈이 덮인 땅이요, 하늘이다. 이런 대목에 표현의 오묘한 뜻이 있다.
  다음은 골목길로 입을 벌리고 내달아 돌아다니는 것을 어떻게 아느냐고. 그것도 "아"자를 세로 한 자씩 석 줄에 적어 놓은 것에 나타나 있다.

    아.
    아.
    아.

는 내달아 가며 소리를 치는 것의 표현이다. 만일 한자리에 서서 소리를 친다면 한줄로 "아. 아. 아"일

것이다. "아"자를 소리를 내어 읽어 보라. 저절로 입이 쩍쩍 벌어지리라.

그러므로

아.
아.
아.

는, 입을 벌린 모습과 더불어 내달으며 지르는 소리다.

얼마나 표현이 오묘하고 간결하냐. 이것을 생략(省略)이라 한다. 말 한마디가 깊은 뜻을 지녀서 군소리를 간추려 버린다는 뜻이다.

생략이야말로 표현의 가장 중요한 힘이다.

아무리 말이 아름답더라도 군더더기가 붙으면 글이 또렷한 인상을 주지 못한다.

그러므로 여러분은 자기가 지은 노래를 두고 두고 깎고 닦아 군더더기가 붙지 않은 표현을 하도록 노력하자.

두메 산골 시계는
아가의 울음

두메 산골 고장에서
아가가 울면
시계 없는 마을엔 새벽이 온다.

「산골 시계」 박우용

『새벗』에 실린 박우용 중학생의 작품이다.
 깊은 산골의 새벽 정경이, 그것도 새벽답게 우렁차고 맑은 기운이 잘 표현된 좋은 작품이다. 이 작품을 좀 더 간추려 보자.

두메 산골 시계는
아가의 울음

이라 했으니, 셋째 줄 "두메 산골 고장에서"는 첫 줄의 "두메 산골"의 뜻을 되풀이한 데 지나지 않다. 그래서

두메 산골 시계는

아가의 울음

아가가 울면

시계 없는 마을엔 새벽이 온다.

라고 고치더라도 뜻이 달라지지 않는다. 그러나 이것으로서 완전한 것이 못 된다. 왜냐하면, 이미 "두메 산골 시계는 아가의 울음"이라 했으니, 끝 절 "시계 없는 마을엔"은 첫줄의 뜻과 중복된다. 그래서—

두메 산골 시계는

아가의 울음

아가가 울면

새벽이 온다.

간추려도 어색하지 않다. 몇 줄 되지 않는 작품 중에 이처럼 많은 군더더기가 붙었다. 이 군더더기를 추려 버리면 표현이 말끔하고, 또한 작품이 은은한 맛을 띠게 된다.

몇 가지 더 뽑아 보면.

가벼히 날으는 갈매기의 나래 속에
『새벗』 3권 6호, 오경웅

는, "갈매기 가벼운 나래 속에"로, 간추리면 글이 매끈해진다.

아이들이 미끄런 언덕에서 썰매를 탑니다.
썰매타던 한 아이가 뒤로 빨딱 넘어졌어요.
옆에 있던 한 아이가 우습다고 웃어요.
웃어 주던 그 아이도 뒤로 빨딱 넘어졌어요.
이번엔 모두 같이 우습다고 웃었습니다.
『새벗』 5권 2호, 「썰매 타기」 이길성

이 노래를 간추려보자.

미끄런 언덕에서 썰매를 탑니다.
뒤로 빨딱 넘어졌어요.

한 아이가 우습다고 웃어요.

그 아이도 뒤로 빨딱 넘어졌어요.

모두 같이 우습다고 웃습니다.

이만큼 줄이니 표현이 말끔하다. 그러나 좀 더 간추려 보자.

언덕에서 썰매를 탑니다.

뒤로 빨딱 넘어졌습니다.

우습다고 웃습니다.

그 아이도 빨딱 넘어졌습니다.

모두 같이 웃습니다.

한결 가뜬한 노래가 되었다. 다음 시를 자세히 읽어보자.

선생님의

하얀 얼굴

水晶

안경

맑은

그늘

「하얀 얼굴」 박목월

표현의 가장 소중한 것은 이 생략이다. 둘째는—

외양간 당나귀가

아직아직 어려서

그래서 두귀가

콩잎만큼 작을 적에

그때가 옛날이지.

아저씨댁 삽사리

아직아직 어려서

그래서 대청위로

흙발로 다닐 적에

그때가 옛날이지

사랑방 할머니가

아직아직 어려서

할머니 나막신이

초생달보다 작을적에

그때가 옛날옛날이지

「옛날 옛날」 **박목월**

"옛날"이라는 것을 설명으로서 이해시키려는 것이 아니다. "옛날"을 느끼도록 해서, 옛날의 나라로 여러분을 데리고 가려는 것이다.

당나귀가 어릴 때…… 그때가 옛날이다.

당나귀가 어릴 때라니 어떤 때냐?

두 귀가 콩잎만큼 작을 때이다.

그러나 왜 콩잎으로서 비유했을까?

두 귀가

조개껍질처럼 작을 적에

해도 귀여울 것이 아니냐? 귀엽다는 뜻에만 그치면 조개껍질도 좋다. 그러나 당나귀라면 순한 눈과 따뜻하고 넓고 부드러운 귀가 생각된다. 새처럼 빳빳한 날개도, 사람처럼 매끄러운 살결도 아니다. 털이 부드럽고 전이 넓은 두 귀는 언제나 따뜻하고 소박하다. 그 두 귀를 어떻게 사늘한 조개껍질에다 비기겠는가.

부드럽고 따뜻하고 순하고 소박하고 귀여운 느낌을 주는 것……

콩잎이다.

동백잎처럼 반들반들하지 않고, 꽃잎처럼 호화스럽지 않고, 백양나무처럼 쇳소리가 나지 않고, 그리고 우리집 콩밭에 늘 겸손하게 사는 것…… 콩잎이다.

또,

> 할머니 나막신이
> 초생달보다 작을적에

는, 나막신을 초생달에 비유한 것은 동화(童話) 같은 신비스러운 꿈[幻像]과 맑은 아름다움과 멀고 아득한 인상을 주려는 뜻이다.

나막신의 딸그닥딸그닥 하는 그 맑은 소리는 실낱처럼 가늘고 맑은 초생달에서도 들릴 것 같다.

참으로 비유(比喩: 비슷한 다른 사물을 견주어 말함)만큼 어려운 것이 없다. 비유야말로 표현에서 중요한 것의 하나다.

그러므로 표현의 중요한 구실을 하는 둘째 큰 것은 비유다. 그래서 무엇처럼, 무엇같이, 무엇만큼의 형용으로 쓰이는 말만큼 어려운 것이 없다.

이 비유의 오묘한 이치를 깨달아야 비로소 여러분은 제대로 자기의 생각이나 느낌을 표현할 수 있을 것이다.

    잘 자는 우리아기
    꼬옥 감은 눈에
    엄마가 사알짝
    입맞춰 주고

    잘 자는 우리아기
    꼬옥 감은 눈에
    달빛이 살며시
    입맞춰 주고

    잘 자는 우리아기
    꼬옥 감은 눈에

포도넝쿨 그늘이
　　입맞춰 주고

　　　　　　　「잘 자는 우리 아기」 박목월

　소올솔 잘 자는 우리 아기의 그 꼭 감은 눈에 달빛이 비친다. 하얀 달빛에 말간 포도넝쿨의 그늘이 져서, 그 그늘이 바로 아기 감은 눈에 어린다는 뜻이다. 이것은 꼭히 무엇처럼 어떻다는 것은 아니나 달빛에 어린 포도넝쿨과 그 그늘로서 잠자는 아기의 편안하고 아름다운 잠과 꿈을 비유한 것이다.

　　방긋방긋 웃는 꽃
　　우리 아기는

　　　　　　　「우리 아기」 김인수

　우리 아기를 "웃는 꽃"에 비유한 것은 낡았다. 비유야말로 늘 새롭고 신선해야 한다. 그러므로 좋은 비유는 절실한 느낌이 깔려 있는 새로운 것이라야 한다.

가오루(인단)처럼

향기로운 봄바람

「봄바람」 정임순

기발하다. 그러나 봄 바람은 향기로운 것만이 아니다. 훈훈하게 향기롭다. 그러므로 가오루의 찬바람이 도는 향기로움과는 사뭇 다르다. 참된 느낌이 안 온다. 아무리 새로워도 참된 느낌이 안 오면 좋은 비유가 될 수 없다.

새롭고도 참된 느낌이 오는 비유…… 좋은 비유이다.

시계 집 선생님은 아주 큰 시계
선생님이 데걱데걱 가르쳐 주면
생도들이 때각때각
받아 읽는다.

하품도 하지 않고
손장난도 안 하고

시계 집 선생님은 아주 큰 시계

선생님이 때엥 때엥 가르쳐주면

생도들이 땡땡 받아 읽는다.

한눈도 팔지 않고

코도 훌쩍 안 하고

「시계학교」 강준구

시계방은 학교다. 벽에 걸린 커다란 기둥 시계가 선생님이다. 팔을 내두르며, 선생님이기 때문에 점잖은 목소리로
"데걱, 데걱"
가르쳐 주면,
앉은뱅이나, 다른 작은 시계는 생도들이다. 그래서
"때각, 때각"
받아 읽는다.
또한 선생님은 굵다란 목소리로
"데엥, 데엥"
가르치면, 생도들은
"땡, 땡"

받아 읽는다.

참으로 우스꽝스럽고 유쾌하고 꿈이 깃든 시계 나라의 학교다.

"손장난도 안 하고
코도 훌쩍 안 하고"

실감(實感)을 자아내는 동화(童話)의 세계이다.

이렇게 시계, 꽃, 바람, 구름, 벌레, 나비, 강아지…… 등에 사람다운 뜻과 말[人格]을 주어 사람다운 세계로 이끌어 본다. 여러분의 꿈의 세계를 소복히 이룰 수 있다.

　　삼월삼짇날
　　생일잔치 채리자,
　　햇병아리 속병아리
　　생일잔치 채리자.

　　동네 닭은 모여라
　　수탉은 관 쓰고
　　암탉은 가죽신 신고

달걀도 한몫 끼자

대굴대굴 한몫 끼자

등넘어 삼춘집 ◎ 삼춘(三寸)

꿩아저씨 청해라

등넘어 삼춘집

꿩아저씨 청해라.

「삼월 삼질」 박목월

 여러분이 한마리 닭이 된다면…… 머리에 빨간 볏이 솟은 뽐내기 좋아하는 수탉이라도 좋다. 그래서 관운장(關雲長:『삼국지』에 나오는 장수)처럼 떠억 버티고 날갯죽지를 으쓱 치켜들고, 대뚝대뚝 골목을 나서 본다. …… 이런 느낌이 온몸에 올 때의 맑은 마음─참으로 어린이만이 지니고 사는 아름다운 꿈의 세계이다.

 그러나 이런 꿈의 세계는 참된 느낌이 없을 때는 헛된 생각이 되고 만다.

 "여보오 미나리 장수!"

"여보오 되미 장수!"
엄마가 엄마가 장수 부르는 소리
그 소리도 듣기 좋구요,

"귀남아아 귀분아아
어여 들어와 맘마 먹어라!"
엄마가 엄마가 우리 부르는 소리
그 소리도 듣기 좋구요,

"젖 잘 먹고 말 잘 듣고
잘도 자네 자장자장"
엄마가 엄마가 아기 재는 소리
그 소리도 듣기 좋아요.

「엄마 목소리」 윤석중

엄마의 부드러운 목소리가 들리는 듯하다. 이 부드러운 목소리에 어머니의 사랑이 조용히 스며 있다.
엄마가 엄마가
하고, 엄마를 겹쳐 부르는 것은 엄마의 깊은 사랑이 가슴에 울려 오기 때문이다.

…… 장수 부르는 소리

한 번 떼고, 다시

그 소리도……

  첫 줄의 소리라는 말을 이어서 다음 줄의 첫머리를 삼아 소리를 휘청 감아 부드럽게 하였다. 이것이야 말로 부드러운 노래를 꾸미는 비밀이 있을 뿐 아니라, 어머니에게서 느끼는 끝없는 사랑이 물이 흐르듯 그치지 않고 이어가는 느낌을 나타내는 것이다.

  "어여"란 말의 매끈하게 아름다움을 깊이 살펴라.

싸락눈이 나리네

싸락싸락 나리네

우리아기 한오큼

나도나도 한오큼

싸락눈을 받아서

소복소복 받아서

참새 한줌 주고

꼬꼬 한줌 주고

「싸락눈」 작자 미상

"엄마 목소리"처럼 부드러운 노래이나, 그 부드러움 가운데 좀 더 가벼운 느낌의 박자(拍子)가 우쭐거린다. 그 가벼운 노래의 흐름은

싸락눈이 나리네

싸락싸락 나리네

"네"자로 살푼 다음 절(節)로 흘려보낸다. 그리고 그 흐르는 가벼운 박자(拍子)를

우리아기 한오큼

나도나도 한오큼

"한오큼"으로서 가볍게 떠받아 두고, 다시 새로 첫줄의 박자(拍子)로 돌아가서 "싸락눈"과 "싸락싸락"

으로 생각의 흐름을 새로 잡았다. 그러나 이번에는

싸락눈을 받아서
소복소복 받아서

"서"로 크게 생각의 흐름을 그 다음 절로 넘기고,

참새 한줌 주고
꼬꼬 한줌 주고

끝맺었다. 그러나 끝을 "참새 한줌 준다"로 딱 잘라 끊지 않고, "고"로서 가벼운 안타까움[餘韻]을 남기게 한다. 이 안타까움이 끝없이 은은한 한 곡(曲)의 노래를 듣게 한다.
　동요는 노래이고, 동시는 속삭임입니다. 그러나 노래는 노래이기 때문에 언제나 우쭐거리는 가락[韻律]이 있다.
　또한 동시는 우리의 깊은 느낌—감동의 표현이기 때문에 그냥 속삭이는 것만이 아니다. 가슴에 벅찬 감동을 울린 가벼운 속삭임이다.

그러므로 그 속삭임에는 저절로 가락이 붙는다.

이 느낌의 가락을 잘 뽑아 간추리고, 다듬는 것은 첫째 귀에 들어 아름답고, 눈에 보아 매끈하게 펴야 한다.

귀에 들어 아름다운 것이란 듣는 마음에 그윽한 것, 애달픈 것, 아득한 것, 맑은 것, 부드러운 것, 용감한 것, 이런 것들의 느낌을 주며, 눈으로 보아 아름다운 것은 줄[行]을 잘 펴서 다듬는 일이다.

이것은 쉬운 듯 어렵다.

머이 머이 둥그냐
보름달이 둥글지

머이 머이 둥그냐
누나 얼굴이 둥글지.

「보름달」 윤석중

동그랗게 예쁜 누나의 얼굴…… 볼수록 예쁘고 귀엽다.

그러나

    우리누나 얼굴은
    보름달처럼 둥그네

    누나 얼굴은
    보름달처럼 예쁘네.

얼마나 멋 없고 싱거운 노래냐. 이것을 슬쩍 문답(問答)식을 빌어 본다.
"누나야"
일하는 누나를 불렀다.
"머이 둥글지?"
누나는 어리둥절해서 얼핏 생각이 뜨지 않았다.
"글쎄…… 난 모르겠다."
"예이 누나도, 보름달이 둥글지 뭐!"
그리고 다시 누나에게 이죽거려 본다.
"누나야, 머이머이 둥글지?"
이번에는 누나가 얼른 대답했다.
"보름달!"

"에이 누나는, 바보야.

누나 얼굴이 둥글지."

이 네 줄의 노래에 시로서의 재미나는 비밀이 있다.

"머이 머이 둥그냐?"

물음에,

"보름달이 둥글지."

대답은 아주 평범하고, 누구나 생각할 수 있다. 그러나

"머이 머이 둥그냐?"

두 번 꼭 같은 물음에

"누나 얼굴이 둥글지."

영 엉뚱하면서 귀여운 대답으로 독자의 마음을 깜짝 놀라게 한다. 이 놀라게 하는 것이야말로 이 작품이 지니는 그 중 큰 뜻이요, 목적이다. 그래서 이 엉뚱하고 귀여운 대답으로서 작품에 새로운 맛이 떠돌게 한다.

이번에는 "머이 머이 둥그냐?" 대신,

"한개 한개 머이 한개?"

하고 물어 보는 시가 있다.

한개 한개 머이 한개

할아버지 쌈지 속에 부싯돌이 한개

두개 두개 머이 두개

갓난애기 웃을 때 앞이빨이 두개

세개 세개 머이 세개

아빠 화 내실 때 주름살이 세개

「한개 두개 세개」 윤석중

날수에서 떠오르는 생각을 이어, 한편의 시를 썼다.
"한개 한개 머이 한개"
하고 물으면 쉽게 대답할 듯하지만 무엇이든지 대답할 수 있기 때문에 대답하기 어려우리라.
시는 우리의 느낌, 생각을 솔직히 기록한 것이다. 그러나 그 느낌, 생각을 묘하게 요령 있게 표현할 수 있는 방법을 생각하는 것은 중요하다. 솔직히 기록하는 것이라 해서 무턱대고 생각나는 대로 기록하는 것이 아니다.
잘 가다듬어 요령 있게 아름답게 기록해야 한다.

이것이 내용을 살펴서 노래의 모습을 가다듬는 것이라 한다.

내용을 살펴서 모습을 가다듬기 위해서,

첫째, 어떤 형식(形式)으로 표현할까? 생각해야 한다.

둘째, 가장 효과(效果) 있는 방법을 생각해야 한다.

셋째, 매끈하고 아름답게, 절실하게.

그러나 일부러 꾸미지 말 것.

시에서 표현의 가장 소중한 세 가지는

첫째, 생략이다. 생각을 가다듬고, 말을 간추리는 일을 생략이라 한다.

둘째는 비유이다. 실감이 도는 적합한 비유가 표현을 살리게 한다.

셋째는 내용을 살펴서 가락을 가다듬고, 모습을 매만지는 일이다.

셋째치. 내가 쓴 동시

어떤 내용이 시가 되나? 라고 묻는 것은 어리석다. 그러나 어리석은 질문이면서도 처음으로 붓을 잡은 사람에게는 절실한 질문이다.

그러므로 내가 한 편의 동시를 쓰게 된 유래를 이야기해서, 여러분에게 "시의 생각"이 우러나는 밑바닥을 밝히고, 그 작품이 이룩될 동기를 밝혀서, 여러분이 시상(詩想)을 잡는 도움으로 삼으려 한다.

참으로 시는 우리의 깊은 느낌이 스스로 낳는 것이라 했다. 여러분 가슴속에 영원히 잊혀지지 않는 그리운 추억은 추억 대로 아름다운 것을 지니고 있다.

어릴 때 친구와 재미나게 놀던 일, 그때의 그 해

빛…… 바람…… 그 골목. 그리고 어느 사람—어머니나 누나나 고모나 친구……에 대한 여러분의 그 따뜻한 사랑이 스민 것.

혹은 지금 눈앞에 펼쳐진 저 아름다운 꽃과 바람의 세계, 또한 비오는 저녁에 쓸쓸하고 호젓하게 이불을 쓰고 꾸는 여러분의 꿈.

다 좋은 노래가 된다. 다만 이런 노래를 씀으로 여러분의 마음을 한결 넉넉하게 따뜻하게 할 수 있는 것이라면 무엇이나 적어 보라.

이런 것이 시가 될까? 하고 망설이지 말 것.

그것은 헛된 일이다. 그런 생각이 참으로 참된 느낌과 마음에서 우러나는 것을 놓치고.

잘 써 보겠다는 마음이 거짓을 저지르게 된다.

찬찬히 옛날을 생각하라.

찬찬히 자기 마음을 살펴 보라.

찬찬히 자기 주위를 눈여겨보라.

좋은 생각, 느낌이 가슴에 고이게 되리라. 그 가슴에 고인 것을 적으면 시가 된다.

참 좋은 시는 멋지게 표현한 것이기보다, 깊고 넉넉한 그 가슴에 고인 느낌, 생각이 스며 있는 것이다.

1. 「눈과 당나귀」

경주군 서면 모량리…… 이곳은 내가 자라나던 곳이다. 경주읍에서 2리 길. 서악이라는 고개를 넘어, 김유신 장군이 십 년 동안 칼을 갈아 바위를 썩둑 잘라낸 그 전설을 따서 단석산(斷石山: 돌을 잘랐다는 뜻)이라는 높은 산 기슭에 있는 가난한 마을이다. 더구나 우리집은 그 마을에서도 가장 위뜸에 있었고, 우리집 울타리 저편은 잣골[栢谷]이라는 골짜기였다.

우리집은 그 마을에서 그리 작은 편은 아니나, 그래도 방 세 칸에 부엌 하나, 그리고 외양간, 방앗간, 사립문께 대추나무가 한 그루 있을 뿐이었다.

어린 나는 그 집에서 십 리나 떨어진 초등학교를 아침 저녁 걸어 다녔다.

어린 내게는 가난한 것도, 이처럼 깊은 촌인 것도, 결코 불행한 일이 아니었다. 지금 어릴 때 일이 머리에 떠오를 적마다 그립고 아쉬울 뿐이다.

그처럼 깊은 산골이었기 때문에 마음대로 자연 속에서 한마리의 토끼처럼 지낼 수 있었다. 그때의 그 바람, 그 풀 냄새……. 어릴 때는 겨울도 즐거운 계절이었다. 어쩌면 눈이 그리도 많이 왔을까? 동짓달이 지나고 섣달이 접어들면 사뭇 눈이었다. 솜처럼 부드럽고 굵고 새하얀 눈이 소리없이 내리는 대낮은 조용하게 흥거웠다. 까닭도 없이……. 눈이 쌓이면 초저녁에는 참새 잡기에 잠을 못 잤다.

종이 초롱을 켜들고, 초가 지붕 추녀를 살피며 다닌다. 함박눈이 소리없이 오는 밤에는 참새도 대밭에서 자지 못하고, 추녀 밑 묵은 새 집으로 몰려든다. 새 집에 불을 대면 흰 목화 꼬투리 같은 참새의 배때기가 보였다. 그 가슴이 벌름거리며 쳐다보는 흰 솜 꼬투리 같은 참새의 배때기…… 여름철에 미꾸라지를 잡는, 대로 만든 "통발"을 새집 아궁지에 대고 처마를 가만히 툭 치면 참새는 제물에 통발 속으로 날아든다. 터덕터덕 하는 통발을 와들와들 떨며 나는 잡곤 했다.

그러나 눈 오는 밤은 결코 즐거운 노릇만 아니다. 부모님이 큰댁에라도 가시고, 우리 조무래기들만이 집을 보게 되면 공연히 가슴이 두근거렸다.

숨을 죽이고 귀를 기울이면, 아아, 앞뜰에, 뒤란에, 장독에, 지붕 위에, 사박사박사박 사박사박사박 눈 오는 소리…… 눈 오는 소리라는 것을 번연히 알면서도 가슴이 조이고 마음이 오마조마했다.

눈이 굵고 겁이 많던 나……. 나는 옆에 자는 누나를 깨웠다. 가만 가만히 누나를 흔들어 깨우면 누나는 수잠이 들었던 겐지……

"응?"

하고 빨딱 일어났다.

"누우나, 아무래도 뭐고 온 것 같애."

뭐라는 것은 도둑이라는 뜻이다. 누나는 누나 대로 귀를 기울인다. 바로 문밖에 사박사박사박……. 눈 오는 소리. 누나의 눈이 금방 똥그래졌다.

"당나귀 도둑이제?"

내게 물었다. "도둑이제"는 "도둑인가부다"의 경상도 사투리다.

"우얏고, 큰일 났구매"

우리는 서로 눈을 마주 쳐다보았다. 그러나 당나귀를 몰고 가려는 도둑을 그냥 둘 수는 없다.

누나와 나는 큰맘을 먹는다. 비창한 결심을 한다. 그리고 종이 초롱 하얀 자기 호롱에 성냥을 그어대고 문밖에 나선다. 문밖은 하얀 눈나라…… 앞산이 바로 문턱까지 닿아와 있었다. (눈 오는 날은 산도 무서움을 타고, 마을께로 오나부다. 그런 생각이 날만큼)

우리는 사랑방 문앞을 거쳐 외양간으로 간다. 나무 판장으로 만든 외양간 문은 양편으로 닫혀 빗장이 밖으로 질려 있었다. 그것을 따고 와들와들 떨리는 손으로 초롱부터 외양간 안에 들밀어 본다.

그러나 당나귀는 여전하다. 옴찍 않고, 그 귀염성 있는 얼굴을 치켜들지도 않는다.

"하마, 한잠 들었다. 그지?"

우리는 가슴을 쓰다듬어 내리며 서로 얼굴을 쳐다보았다.

세월이 흘렀다. 나는 초등학교를 졸업하고 대구로 나와 중학교에 다녔다. 기숙사에 들었다. 그러나 꿈마다 고향집…… 혼자 서늘한 기숙사 방에서 눈오는 밤을 내다보며 울고 했다. 그 중학교 5학년 때 「눈과 당나귀」라는 동시를 썼다.

눈오는 밤이래서
도적 든다기

당나귀 외양간에
도적 든다기

누나랑 등불 켜서
외양간 가보니…

당나귀 소록소록
한잠 들었네

두귀로 소오록
한잠 들었네.

「눈과 당나귀」 박목월

  그러나 그때는 눈 오는 밤이면 공연히 가슴이 두근거리고 무섭던 어린 철이 눈물겹도록 그리워서 써 보았을 뿐이다. 그리고 이 동시를 적어 둔 노트 첫장에 '누나에게' 라고 얌전히 적어 두었다.
  그 누나의 아들이 올해 고등학고 3학년이다. 대구에 있다.

2. 「꽃주머니」

　고모님이 여럿 계셨다. 큰고모님은 아버지보다 나이가 많고, 둘째, 셋째 고모는 내가 어릴 때 시집을 가서 우리 집에는 계시지 않았다. 그러나 막내고모님은 끔찍히 나를 귀여워해 주셨다.

　봄철에 고모님 동무들끼리 산나물을 갈 때, 나는 억지를 써서 따라 나섰다. 고모님이 아무리 달래도 막무가내었다. 고모는 화를 내고 했으나 나는 발버둥을 치고 울며 따라 나섰다.

　그러나 앞산 모퉁이까지 따라가면 고모는 도리없이 내 손목을 잡고,

　"산에서 울면 난 몰라."

"다리 아프다고 울어도 난 몰라"
데리고 간다.

그 싱싱한 솔잎 냄새가 풍기는 골짝…… 개울 가에 앉아 먹던 점심밥…… 그리고 연한 풀밭 양지에서 고모님의 나물 바구니를 안고 자던 낮잠……

그 고모님은 일 솜씨가 있고 바느질이 고왔다. 명절이 오면, 우리들의 치장을 해 주기에 밤을 새웠다. 대님도 손수건도 고모가 접어 주었고, 더구나 주머니는 초록 비단감에 모란꽃과 새하얀 학을 수놓아 주었다.

한가위가 가까워 오면 갖가지 색실로 주머니의 수를 놓는 고모님의 손만 바라보고 밤이 깊은 줄 몰랐다. 불빛 아래 새하얀 손이 빨간 실을 한바람씩 뽑아 가는 그 황홀한 아름다움. 지금 생각하면 어린날의 내 꿈을 키워 가는 아름다운 손만 같다.

그 주머니가 끝날 무렵이면 한가위가 온다. 때때옷에 주머니를 느지막하게 차고 골목으로 나가면 걸음이 저절로 우쭐거렸고 신이 났다.

고무님이 접어주신

꽃주머니

허리춤에 질끈
차 보아라.

환한 보름달을
찬 것 같다.

아롱다롱 수놓은
꽃주머니

오색끈에 꿰어서
차 보아라

꽃다발을 한 아름
찬 것 같다

「꽃 주머니」 박목월

그 큼직한, 갓 핀 꽃송이처럼 기름이 쪼르르 흐르는 색실로 수놓은 귀주머니, 두루주머니를 실밥을

뽑기가 바쁘게 차고 나서면, 보름달이나 꽃다발을 한아름 찬 것보다 더 묵직하고 든든하게 자랑스러웠다. 자랑으로서 묵직해졌을지 모른다.

  그 넉넉한 자랑스러움은 좀처럼 그 후로는 맛볼 도리가 없었다. 인생의 다른 즐거움으로서는……

3. 「토끼방아」

설이 가까워온다. ……겨울도 한고비에 들어서고, 얼음 지치기도 눈싸움 놀이도 시들해질 무렵에 설이 있다.

…… 설이 온다.

생각만으로도 가슴이 환해지는 그 즐거운 기다림. 그믐날을 "작은설날," 초하루를 "큰설날"이라 한다. 그믐날은 벌써 설 기분이다. 마을 아이들은 바쁘게 심부름을 해주면서, 모두 벙글벙글 웃고 오락가락한다.

집집마다 웃음 소리…… 떡을 빚는다. "오콩콩콩" 방아 찧는 소리……

그러나 우리가 맞이한 설 중에도 어느 설이 제일

즐거웠을까? 사람마다 조금씩 다르긴 해도, 초등학교 삼사학년 시절의 설이 가장 인상 깊으리라. 그 전에는 너무 어리고 그 후는 철이 들어 좀 즐거움이 달라진다.

내가 초등학교 3학년 때…… 그 설은 유별나게 흥성흥성했다.

그러나 우리 산골 마을에—집이라곤 삼사십 호 남짓한 작은 마을이다.—설이 가까워지면 집집마다 바쁘고 즐거웠다. 밤이 늦도록 초롱불을 켜들고, 골목에는 웅성웅성 사람 소리가 끊어지지 않았다.

아아, 토끼 나라…… 나는 이야기로서 들은 토끼나라의 설날만 같았다. 나 자신 아기 토끼라는 느낌이었다. 토끼는 토끼이기 때문에 깡충깡충 뛰어다녀야 했다. 깡충깡충 뛰면 뛸수록 더 즐거워지는 것이다.

내일모레 설날이다
떡방아 찧자

엄마토끼 누나토끼
흰수건 쓰고

오콩 콩콩 쌀한되 찧고

　　오콩 콩콩 조한되 찧고

아기토끼 때때옷은

색동저고리

누나토끼 설치장은

하얀 고무신

　　오콩 콩콩 콩한되 찧고

　　오콩 콩콩 팥한되 찧고

계수나무 절구에

복떡을 찧고

은도끼로 깎아낸

나무절구

　　오콩 콩콩 한호박 찧고

　　오콩 콩콩 두호박 찧고

그믐날 밤이래서

어두어지면

초롱불 켜들어라

수박초롱

오콩 콩콩 복떡을 찧고

오콩 콩콩 두 호박 찧고

「토끼방아」 박목월

이 노래는 내가 어른이 된 후에 썼다. 어릴 때의 그 꿈을 가슴에 조용히 모으면서……

첫절에

엄마토끼 누나토끼

흰수건 쓰고

의, 흰수건 쓴 토끼는 바로 우리 어머니요, 누나다. 그리고 둘째 절의 "아기 토끼 때때옷은 색동저고리"는 우리 동생이다. 무지개를 한 자락 잘라서 기운 듯한 그 아름답던 색동저고리…… 그 저고리에 나와 나의 동생의 어릴 적 꿈이 묻혔다. 설이 오기 전에 엄마 몰래 농에 든 때때옷을 살며시 내 입고, 싱긋이 웃어 보곤, 도로 농에 넣어 둘 때…… 아아 글피는 설날이다. 하고, 마음에 새겨 보는 그 즐거움. 또한 그 즐거운 설날. 누나는 누나 대로 새로 사온 고무신을 선반 위에 높이 얹어 두고, 들락날락하며 쳐다보기만 했다.

이 즐거운 설날을 토끼들의 나라로 옮겨 보았다. 그 긴 귀를 쫑긋거리며 설을 맞이할 산골의 토끼, 토끼의 엄마, 토끼의 누나, 토끼의 동무…… 얼마나 신기한 동화의 세계며 꿈의 나라랴.

계수나무 절구에
복떡을 찧고
은토끼로 깎아낸
나무절구

계수나무는 토끼만이 갈 수 있는 달나라의 나무다. 그 나무를 토끼들은 토끼 나라의 그 조그맣고 귀여운 은도끼로 토끼의 아버지가 찍어서 깎은 허리가 잘록한 귀여운 절구. 그 절구에 빚는 복(福)떡, 토끼 나라의 설은 얼마나 즐거우랴. 그러나 눈이 쌓인 깊은 산골의 외진 우리 마을도 토끼 동네만 못지않게 즐거운 설을 맞이했다. 가난하면 가난한 대로 넉넉하면 넉넉한 대로 즐거웠다.

4. 「냇가에서」

중학교 1학년 때의 여름 방학…… 방학이 되었다. 시험이 끝나고, 아우들의 선물을 사 들고 정거장으로 나간다.

아아, 기다리고 기다리던 날이다.

고향 정거장이 가까워 온다. 해가 설핏한 낯 익은 산들이 차창 앞에 절을 하듯 나타나 다가오고…… 집에서 십 리나 떨어진 정거장에는 일부러 엄마가 나와 계셨다……

엄마의 얼굴…….

그 방학에 나는 낚시질을 다녔다.

집에서 강까지는 한참 걸어가야 했는데 강물은 꽤

깊고 더구나 고기가 있을 법한 소(沼)는 더 멀었다.

　며칠을 다녀도 고기는 낚시에 물리지 않았다.

　어린 소년의 어설픈 낚시에 물릴 눈먼 고기가 있을 리 없다.

　그러나 하루는 종일 허탕을 치고 마악 일어서려는데 낚싯대가 휘청하였다. 나는 얼결에 낚싯대를 치키자, 이만큼 이만큼…… 그 큼직한 잉어의 시퍼런 은빛 비늘이 석양빛에 번쩍하며 불끈 솟아 올랐다. 얼른 풀밭으로 달아 올려서 버들가지를 꺾어 잎을 훑어 시뻘건 아가미를 꿸 때는 손이 와들와들 떨려 제대로 꿰지지 않았다.

　그리고 그것을 어깨에 메고는 줄달음질을 쳐서 집으로 왔다.

　어엉

　어엉

　울면서. 너무나 기뻐 울지 않고는 배겨 낼 도리가 없었다. 울고 오는 나를 멀리서 어머니가 보시고, 마주 달려 오셨다. 큰일이라도 일어났나 하고.

　그러나 비로소 사실을 듣고, 어머니는 그제야 빙긋 웃었다.

그 웃는 어머니의 모습은 지금도 잊을 길이 없다. 어머니의 얼굴 모습에서 가장 깊이 내 마음에 남은 미소다. 이 미소를 나는 이후에 다시 시로서 표현해 보리라. 그것을 읊은 시……

잔잔한 냇가에서
낚시를 디루면
그 조용하고 나긋나긋하고
마음이 갈앉는 고요한 흥분
낚시가으로
고기들은 솔깃솔깃 꼬리를 치며
재미있는 이야기의 구절구절처럼
제대로 소릇이 모일 듯한
꿈 같은 생각.

아아 참말로 고기가
물렸다.
낚시끝이 휘청하는.
그 뭇질하고, 몽실하고,
휙 채고, 바르르 떠는,

손바닥에 남는 황홀한 느낌.

고기는

별처럼 퍼런 빛나는 비늘,

한 아름의 꽃다발 같이,

불을 켠 큼직한 초롱 같이

물 위에 불쑥

솟아 나왔다.

와들와들한 손으로

버들가지를 꺾어서

잎을 쭈욱 훑는,

그 충만한 마음.

그 넘치는 만족감.

불같은 아가미를 버들가지에

꿰어서 메고

집으로 내달아 온다.

바람만큼 큰 소리로

엄마를 부르면서,

울면서.

일곱빛 영롱한

비단 꽃양산……

그 햇님을

어깨에 메고 오듯이

황홀하고, 슬픈

아아, 줄달음질…….

엄마를 부른다.

바람 같이

큰 목소리로 엄마를 부른다.

「냇가에서」 박목월

넷째치. 동요 동시의 세계
―어린이를 위한 동요, 동시의 독본―

1. 사랑의 세계

사랑은 귀합니다. 더욱 동요에서는 모든 내용의 터가 됩니다. 어머니나 아버지나 누나께 느끼는 오붓한 사랑. 강아지나 고양이에게 느끼는 애틋한 사랑…… 동요에 어리는 그윽한 향내입니다.

어머니 가슴은
잠드는 가슴
얼굴만 묻으면
잠이 오지요.

어머니 가슴은

꿈 오는 가슴
머리만 대며는
꿈이 오지요.

어머니 가슴은
비단솜 가슴
고단해 누우면
포근합니다.

「어머니 가슴」 박을분(朴乙粉)

어머니에게 느끼는 조용하며 커다란 감격!

이 세상 평화라는 평화가 모두 모인 듯한 어머니 가슴도 한번 떠나면 다시 맛볼 수 없습니다. 뿐 아니라 어릴 때 꾸는 아름다운 꿈도 어릴 때 한철, 어머니 가슴에서 떠나면 벌써 날개 잃은 빨가숭이 천사의 설움을 영영 지니게 됩니다.

그래서 어머니의 가슴을 그리워하는 생각은 마치 잃었던 에덴 동산처럼 서운하게 우리 마음속에 남아 있어, 때때로 우리 마음을 고요히 흔들 뿐. 이 노래는 그 마음을 고요히 흔드는 그윽한 노래입니다.

듣고 듣고 들어도

듣고 싶은건

못 났다고 흉 보는

엄마 목소리

보고 보고 또 봐도

보고 싶은건

얽었다고 흉 보는

울엄마 얼굴

「엄마」 최수복(崔守福)

어머니는 얼굴이 알슴 곰보입니다.
"느 엄마 못냄이
곰보 엄마 못냄이"
동무들이 놀립니다.
아무리 놀려도 우리 엄마가 난 제일 좋더라.
꼭 그렇습니다.
"울엄마—" 세상에서 이보다 더 아쉽고 자랑스러운 말이 또 어디 있을라구요.

듣고 듣고 들어도
듣고 싶은건
"고"자 한 자마다 세찬 감동이 스며 있습니다.

    까―딱 까―딱

    손목이 까―딱

    ―누굴 보고 까―딱

    ―엄마 보구 까―딱

    ―어째서 까―딱

    ―젖 달라구 까―딱

    까―딱 까―딱

    손목이 까―딱

    ―누굴 보구 까―딱

    ―누나 보구 까―딱

    ―업어 달라 까―딱

    까―딱 까―딱

    손목이 까―딱

―누굴 보구 까―딱

―달님 보구 까―딱

―어째서 까―딱

―놀라 오라 까―닥

「까―딱 까―딱」 강소천(姜小泉)

  아기가 엄마를 보고 그 오목하고 귀여운 손목을 까딱 까딱 합니다.

  엄마가 돌아 보시고

  "왜?"

  물으시니

  "젖 줘."

  젖을 먹고 나서 이번에는 누나 보고 손목을 까딱 까딱 합니다.

  "왜?"

  물으니

  "업어 줘."

  누나가 업어 주어도 역시 아기는 손목을 까딱 까딱 합니다. 누나가 수상쩍어서

  "또 왜?"

물으니
"놀라 오라고"
"누굴?"
"으응 달님을"
아기 대답입니다.

    무얼 보고 까—딱

    달님 보고 까—딱

이 구절이 가장 아름답습니다. 달을 동무인 듯 여기는 맑고 귀한 생각도 좋거니와 오목한 손목을 요리조리 까딱이는 동작의 귀여움도 우리 마음을 흐립니다.

    잠 자다 일어나

    엉엉 운다고

    어머니는 날 보고

    강아지래요

    젖 두 통을 맛있게

    쪽쪽 빤다고

어머니는 날 보고

강아지래요

품속에서 웃으면

귀엽다고

어머니는 날 보고

강아지래요

「강아지래요」 김성도(金聖道)

어머니가 아기 궁둥이를 톡톡 치면서
"우리 강아지야"
말씀하셨습니다.

젖 두 통을 맛있게

쪽쪽 빤다고

어머니는 날 보고

강아지래요

티 하나 없는 맑은 매만짐입니다.

달 달 달 달

어머니가 돌리시는 미싱 소리 들으며

저는 먼저 잡니다.

책 덮어 놓고

"어머니도 어서 주무셔요, 네?"

자다가 깨어 보면 달달달 그 소리

어머니는 혼자서 밤이 깊도록

잠 안 자고 삯바느질 하고 계세요

돌리시던 미싱을 멈추시고

"왜 잠 깼니? 어서 자거라."

어머니가 덮어 주는 이불 속에서

고마우신 그 말씀 생각을 하며

잠 들면 꿈 속에도 들려 옵니다.

"왜 잠 깼니? 어서 자거라. 어서 자거라"

「밤중에」 이원수(李元壽)

어려운 살림에 쪼들리며 외롭게, 그러나 정답게 사

는 가난한 모자(母子) 간의 따뜻한 마음이 느껴지는 작품입니다.

삯바느질하는 어머니의 그 밤을 새우며 돌리시는 미싱의 달달거리는 연한 소리는 실은 어머니가 자식을 위한 애끓은 정성이 어린 애정입니다.

그러나 이 시에서 가장 중요한 것은, 어머니의 정성을 감사하고 고맙게 받아들이는 아들의, 혹은 딸의 마음이 나타나 있는 점입니다. 왜냐하면.

책 덮어 놓고
"어머니 어서 주무셔요 네?"

이 아들의 인사야말로, 어머니에 대한 지극한 사랑이 함뿍 스며 있는 인사일 것입니다. 그리고 "어머니가 덮어주신 이불 속에서" 라는 구절은 황홀하고 아름답습니다. "어머니가 덮어 주신 이불"은 이불이기보다 어쩌면 어머니의 그 훈훈한 사랑일지 모릅니다. 깊고 따뜻한 어머니의 사랑 속에서 아기의 잠은 얼마나 편안할 것이랴. 그래서 이 시 속에 스민 모자 간의 애정의 무늬는 인간이 지닌 것 중에서 가장 고

귀합니다.

 이런 사랑이란 사람과 사람 사이에만 그치는 것이 아닙니다.

> 사슴아 사슴아
> 네 뿔에 언제 싹이 트니?
> 사슴아 사슴아
> 네 뿔에 언제 꽃이 피니?
>
> 「사슴뿔」 강소천

 사슴의 그 어진 얼굴에 가지가 뻗은 뿔을 보고, 문득 가슴에 떠오른 의문입니다. 저 뿔에는 언제 싹이 나고, 꽃이 피나? 하고 또한 사슴의 그 뿔에 아름다운 꽃나무 가지에 싹이 트듯, 퍼런 싹이 트는 것을 상상해 봅시다. 혹은 사슴의 뿔에 새빨간 꽃송이가 소담스럽게 펴나고, 그것을 머리에 인 채 산골짜기를 뛰어다닐 모습을 상상해 봅시다. 얼마나 찬란한 꿈입니까.

 이런 한량없는 꿈과 아름다운 생각을 가슴에 품은 채

사슴아 사슴아

네 뿔에 언제 싹이 트니?

하고 물어 본 것입니다. 이럴 때, 그것을 물어 보는 지은 분의 가슴속에 고이는 마음을 짐작해 봅시다.

물새는

물새래서 바닷가 모래밭에

알을 낳는다.

보얗게 하얀 물새알

산새는

산새래서 수풀 둥지 안에

알을 낳는다

알락달락 얼룩진 산새 알

물새알은

간간하고 짭조롬한

미역냄새

바람냄새

산새알은

달콤하고 향깃한

풀꽃냄새

이슬냄새

물새알은

물새알이래서

아아 날갯죽지 하얀

물새가 된다

산새알은

산새알이래서

머리꼭지에 빨강댕기를 드린

산새가 된다

「물새알 산새알」 박목월

이것은 여러분에게 좀 어려운 노래일 것 같습니다. 나는 이 시에서, 산새알과 물새알의 그 신비스로운 아름다움과 그 새알 속에 깃든 무엇이 어떻게 해서

물새알은

물새알이래서

날갯죽지 하얀

물새가 되고

　　산새알은
　　산새알이래서
　　머리꼭지에 빨강댕기를 드린
　　산새가 되나

　그 희한한 생명의 비밀에 대하여 의문을 품지 않고, 솔직하게 사물이 지닌 생명의 중심을 그대로 감탄했습니다.
　진실로 여러분이 꽃 한송이에 대한 혹은 어머니에 대한 또는 빗방울 한 개에서 느끼는 것은, 자연의 그 크고 오묘한 뜻의 가장 깊은 것을 "그대로" 느껴 버리는 것입니다.
　참으로 장한 일입니다.
　"사슴"이나 "산새나" "산새알"을 우리는 사랑으로서 그들의 마음을 알 수 있고, 그들과 뜻을 서로 나눌 수 있습니다. 사랑은 만물과 통하는 길입니다.

2. 꿈나라

구름 배에 흰 돛을 높이 달고 하늘나라로 구경 가는 희한한 꿈. 초생달 양귀를 잡고 앉아 그림책을 뒤적이는 재미. 동무들과 이슬방울처럼 꽃 속에 숨어 숨바꼭질하는 아기자기한 맛……

꿈은 여러분이 지닌 보배 중에도 가장 큰 보배입니다. 그 꿈으로 여러분의 하룻밤은 그야말로 온갖 꿈이 맺어진 한량없는 세월입니다

누구 키가 더 큰가
어디 한번 대보자

발을 들면 안 된다
올라 서면 안 된다

똑 같구나 똑 같애
내일 다시 대보자

「키대보기」 윤석중

오늘 밤이 열리면 으레이 오는 내일이 아닙니다. 오늘과 영 다른 새로운 세계에 새롭게 눈 뜨는 내일입니다.

하루가 간다 함은 마치 꽃송이 한 개가 오물어 떨어지듯 하나의 완전한 세계가 소릇이 가 버리고 내일은 다시 새롭게 열리는 하루입니다.

이 날마다의 새롭게 뜨는 눈……

그러기에 아기들도

촉 나거라
분꽃씨

하룻밤 자고

하룻밤 자고

쑥 나거라
분꽃씨

「분꽃씨」 초등학교 아동 작품

노래 불렀습니다. 이 꿈 많은 하룻밤. 동무들과 키가 꼭 같다 해서

똑 같구나 똑 같애
내일 다시 대보자

이때의 하룻밤.
아기들이 하룻밤 한 시간을 얼마나 싱싱히 자라남을 말합니까.

내가 어른이 되는 날에는
나는 아주 괴짜로 버티어 볼테야
내 장난감에 손을 대지 말라고
다른 애들을 타이를테다.

「어른이 되는 날」 로버트 스티븐슨

내가 어른이 되어 내 장난감에 손을 대지 말라고 타이르려는 것은, 여러분이 자기의 꿈을 지키려는 뜻입니다.

저기 섰는 벚나무 위에를
조그마한 나 아니고 누가 오르랴.
두 팔로 나무를 꼭 껴안고
머나 먼 딴 세상 내려다보네.

여러 가지 꽃들로 곱게 차린
이웃집 뜰이 앞에 와 있고
생전 두고 보지 못한
재밌는 곳이 모두 보이네.

잔물결 치는 강이 흐르고
하는 일을 하늘이 거울노릇
먼지 일며 굽이굽이 뻗은 길에
고을로 걸어가는 사람의 무리.

더 높은 나무가 있기만 하면

더 멀리 더 멀리 내다뵈겠지.

저의 갈길 다 간 넓은 강물이

배 띠운 바다로 흘러드는 곳.

두 편으로 한없이 뻗친 길이

신선 나라로 들어가는 곳

거기서는 애들이 다섯시에 밥 먹고

장난감이 모두 살아 논다네.

「딴세상」 스티븐슨, 박용철 옮김

어느 소년이 나무에 기어 올라갔습니다. 옆집 안마당과 강과 먼 길이 보입니다.

만일 이 나무가 좀 더 높았으면…… 소년은 생각합니다. (좀 더 높았으면…… 벌써 꿈이 시작됩니다.)

그 유명한 동화 "하늘까지 크는 콩나무의 자크 소년"처럼, 높이 높이 올라가서, 지금 저기 보이는 잔잔한 저 강물이 다 흘러 흘러 내려 넓은 강을 이루어 바다로 흘러드는 것도 그보다 산 너머 바다 너머 신선이 사는 나라, 장난감이 모두 살아서 노는 곳도 구경할 텐데…… 소년의 꿈은 끝이 없습니다.

　　이렇다고 해 보세요. 내가 장난으로 챔파꽃이 되어 저 높은 나뭇가지 위에 달리어서 웃노라 바람에 흔들리고 새로 핀 잎 위에서 춤을 추면 어머니는 나를 알아보시겠습니까? 어머니는 부르시겠지요 "아가야 어디 갔니?" 그러면 나는 혼자서 웃으며 암 말도 않고 있겠습니다.

　　나는 나의 꽃잎을 가만히 열고 당신의 일하시는 것을 내려다보겠습니다.

　　어머니가 목욕을 하신 다음 젖은 머리를 어깨 위에 늘이시고 챔파나무 그늘 아래로 지나가서, 기도드리는 조그만 정자로 걸어가실 때면 당신은 꽃 냄새를 맡으시리다마는 그것이 내게서 나는 줄은 모르실 겁니다.

　　점심을 치른 다음에 어머니께서 창에 기대앉아 과미야니를 읽으시면 그 나무의 그림자가 당신의 머리와 무릎 위에 내릴 테니 나는 내 조그만 그림자를 당신이 보시는 책장 위에 당신의 읽으시는 꼭 그 자리에 떨어뜨리겠습니다.

　　그러나 당신께서는 이것이 당신의 예쁜 아기의 조그만 그림자인 것을 알아내시겠습니까?

저녁이 되어 당신이 등불을 켜 드시고 외양간을 찾아
가실 때에 나는 갑자기 땅위에 똑 떨어져서 도로 당신의
아기가 되어 가지고 당신에게 이야기를 조르겠습니다.
"어디 갔다 왔니? 요 장난꾼아"
"엄마 안 알켜 줄 테야?" 그때 엄마와 나는 이런 말을
주고받겠습니다.

「챰파꽃」 타고르, 박용철 옮김

다시, 같은 타고르의 「종이배」를 봅시다.

날마다 나는 종이로 만든 배를 흐르는 물에 하나하나
띄워 보냅니다. 크고 검은 글씨로 나의 이름과 나의 사는
마을 이름을 그 위에 적습니다.
어느 먼 나라의 모르는 이가 그 배를 주워 보고 내가
누구인 줄을 알게 될 것입니다
나는 우리 동산에서 딴 슈리꽃을 이 작은 배에 실어
주고 이 새벽의 꽃이 탈 없이 밤의 나라에 가 닿기를 바
랍니다.
내가 나의 종이배를 띄워 보내고 하늘을 쳐다보면 조
그만 구름들이 바람 실은 흰 돛을 달고 있습니다.

어떠한 내 동무아이가 하늘 위에서 내 배와 경주를 시키려고 저것들을 내려보내는지 알 수 없습니다.

밤이 되면 나는 팔로 얼굴을 가리고 꿈에 나의 종이배들이 깊은 밤 별 아래 흘러가는 것을 봅니다.

그 안에는 잠의 선녀(仙女)들이 타고 가며 거기 실은 짐이란 꿈으로 가득 찬 광주리들입니다.

「종이배」 타고르, 박용철 옮김

꿈의 나라, 조용한 물결이 마을 기슭에 물결치고 있습니다.

「챔파꽃」같이 조용하며 귀여운 꿈은, 사람의 마음을 아득하며 아늑한 곳으로 불러냅니다.

…… 바로 눈앞에 바람에 우쭐거리는 나뭇가지가 여러분의 장난 잘 치는 동무이거나, 혹은 일찍 죽은 동생일지…… 모릅니다.

그러나 이런 꿈의 노래는, 자칫하면 진실된 느낌[詩的感動]도 없이 아무렇게나 쓰기 쉽습니다. 그래도 그런 작품은 한번 읽고 단번에 거짓인 것을 압니다.

실감(實感)이 나타나 있지를 않기 때문입니다. 참으로 눈에 선하게 그 꿈에 살아서 움직임을 느낀 작품은 보면 이내 압니다.

  그건 「챔파꽃」에서

  나는 나의 꽃잎을 가만히 열고……

  혹은 위에서 예를 든 「종이배」에서

  밤이 되면 나는 팔로 얼굴을 가리고 꿈에 나의 종이배들이……

  이런 대수롭지 않은 작은 동작(動作)에 참으로 느낀 것과 그렇지 않은 것의 분별이 선합니다.

  꿈을 노래한 동요에 가장 중요한 것은 참된 느낌이 뒤를 바쳐 주는 노래가 아니면 아무러한 가치도 없습니다.

    햇님은 잠자리에 눕지 않는다.
    밤이면 베개위에 내가 잘 때도
    지구를 돌고 돌아 길을 걸으며
    간 곳마다 새 아침을 지어 준단다.

    여기서는 좋은 날 해도 빛나고
    우리는 넓은 마당 뛰어 놀 때에
    인도 나라 감둥이 어린애들은

엄마께 입 맞추고 자러 간단다.

「햇님의 여행」 스티븐슨

햇님은 그냥 지구를 빙빙 돕니다. 우리 나라에 장밋빛 고운 아침이 되면 우리와 위치를 달리한 서양 어느 나라에는 저녁노을 고운 저녁 때입니다.

아마 새벽에 도둑 들겠지
인도 어느 성에 도둑 들겠지

금 한궤 은 한궤 훔치고
팥 닷섬 콩 닷섬 훔치고
말 한필에 실어서
이리 대뚝 저리 대뚝 달아나겠지

아마 그림자도
이리 대뚝 저리 대뚝 따라가겠지

「새벽」 박목월

왜 인도 나라의 도둑을 노래했느냐 하면, 인도라면

무엇인지 꿈이 많은 곳 같지 않습니까?

아마 그림자도
이리 대뚝 저리 대뚝 따라가겠지

옆에서 보는 듯한 느낌을 줍니다. 이런 꿈[想像]의 노래에서는 늘 참으로 옆에서 보는 듯한 느낌을 일으키는 것이 한층 요긴합니다.

그림자 그림자
그림자는 젖지 않지
그림자로 옷 해 입고
비 오는 날 다녔으면

그림자 그림자
그림자는 못 붙잡지
그림자로 옷 해 입고
술래잡기 했으면

그림자 그림자

그림자는 흙 안 묻지

　　그림자로 옷 해 입고

　　데굴데굴 굴렀으면

　　　　　　　　　　　　　「그림자」 윤석중

　데굴데굴 굴러도 흙이 묻지 아니 하는 그림자의 옷, 꼭 동화에 나올 듯합니다. 젖지도 않고 붙잡히지도 않는 그림자의 옷……

　　눈을 뭉쳐 굴려라

　　데굴데굴 굴려라

　　모두 나와 굴려라

　　지구를 한바퀴 돌아라

　　　　　　　　　　　　「눈 굴리기」 윤석중

　눈덩이를 데굴데굴 굴리며 지구를 한바퀴 돌려는 어린이들의 끝없는 꿈이 남실거립니다.

　　셈본책을 바로 세우면

　　하얀 산골이 되지요

이 산골에 새가 울지요

이 산골에 멩아리가 울리지요

999 99 999

비둘기가 울지요

23 233 23 333

쓰르라미가 울지요

8888888

호랑나비 날아가고

산골 물 둘둘둘

산골 물 둘둘둘

산울림 둘둘둘 듣다가

아기는 꼬박 잠이 들지요

「이상한 산골」 박목월

셈본 시간입니다. 셈본 책을 바로 세워 놓고 어린이가 숫자를 두고 이 생각 저 생각 합니다.

세워논 셈본 책에 하얀 산골이 어리고…… 그 산골

에 구구구 비둘기가 웁니다. 둘둘둘 물소리가 들립니다. 잔잔한 물소리가 들릴 듯하다가 어린이는 꼬박 졸고 나중에 선생님께 혼이 납니다.

셈본 책 위에 하얀 산골이 어리는 어린이의 맑은 꿈의 세계입니다.

999 99 999(구구구 구구 구구구) 비둘기의 울음소리, 23 233 23 333(이삼 이삼삼 이삼 삼삼삼) 쓰르라미가 웁니다. 그리고 888……(팔팔팔……) 나비가 납니다.

3. 그리움의 세계

　날마다 나는 종이로 지은 배를 흐르는 물에 하나하나 띄워 보냅니다.

　크고 검은 글씨로 나의 이름과 나의 사는 마을 이름을 그 위에 적습니다.

　어느 먼 나라의 모르는 이가 그 배를 주워 보고 내가 누군 줄을 알게 될 것입니다.

　나는 우리 동산에서 딴 슈리꽃을 이 작은 배에 실어주고 이 새벽의 꽃이 탈없이 밤의 나라에 가 닿기를 바랍니다.

　내가 나의 종이배를 띄워 보내고 하늘을 쳐다보면 조그만 구름들이 바람 실은 흰 돛을 달고 있습니다.

어떠한 내 동무 아이가 하늘 위에서 내 배와 경주를 시키려 저것들을 내려보내는지 알 수 없습니다.

밤이 되면 나는 팔로 얼굴을 가리고 꿈에 나의 종이 배들이 깊은 밤 별 아래 흘러 가는 것을 봅니다.

그 안에는 잠의 선녀들이 타고 가며 거기 실은 짐이란 꿈으로 가득 찬 광주리입니다.

「종이배」 타고르

먼 나라의 이름도 성도 모르는 친구들 그리워하는 여러분의 간절한 마음이 소복한 시입니다.

그 그리움의 날개를 타고 여러분의 꿈은 날아갑니다.

"내가 나의 종이배를 띄워 보내고 하늘을 쳐다보면 조그만 구름들이 바람 실은 흰 돛을 달고 있습니다" 라는 이 구절을 깊이 읽어 봅시다.

그리움이야말로 여러분의 꿈이 피는 영롱한 나라입니다.

이 세상과 꿈의 세계가 한데 아울러 들려 주는 신비한 음악 소리에…… 귀를 기울여 봅니다

샛파란

　　들에서

　　활을 쏩니다

　　초록잎

　　끝에 단

　　활을 쏩니다

　　새파란

　　하늘로

　　활을 쏩니다

　　분홍꽃

　　끝에 단

　　활을 쏩니다

　　　　　　　　　　「봄」 박목월

　"초록잎 끝에 단 활을 쏘는" 어린이들의 마음······ 그 초록 잎에는 한국의 봄을 알리려는 그리움의 꿈이 어려 있습니다.

그리고 "새파란 하늘로 활을 쏘는" 것은 그 아득한 하늘을 사모하는 여러분의 간절한 심정의 표현입니다.

달이 지면 해가 뜨고
해가 지면 달이 뜨고
동무동무 어깨동무

해가 뜨면 나가 놀고
달이 뜨면 나가 놀고
동무동무 어깨동무

해가 뜨면 햇님동무
달이 뜨면 달님동무
동무동무 어깨동무

「어깨동무」 윤석중

"달이 뜨면 달님동무, 해가 뜨면 햇님동무"는 여러분의 밝고 맑은 마음이 꿈꾸는 따뜻하고 인정답고 즐겁고 아름다운 나라를 사모하는 그야말로 달님동

무 햇님동무가 사는 마음에서 어깨동무를 짜 봅니다. 얼마나 황홀한 꿈입니까?

나의 살던 고향은
꽃 피는 산골
복숭아꽃 살구꽃
아기 진달래
울긋불긋 꽃 대궐
차리인 동네
그 속에서 놀던 때가
그립습니다.

꽃동네 새동네
나의 옛 고향
파란 들 남쪽에서
바람이 불면
냇가에 수양버들
춤 추는 동네
그 속에서 놀던 때가
그립습니다

「고향의 봄」 이원수(李元壽)

유명한 「고향의 봄」입니다. 남쪽으로 바람이 불어 오면 만가지 꽃이 꽃대궐을 이루는 나의 고향…… 서러운 꿈이 깃든 외롭그 아름다운 나라입니다.

4. 놀음 놀이의 세계

껑충껑충 뛰는 노래, 남실남실 춤추는 노래…….
어린이들의 즐거운 마음이 햇빛처럼 빤짝이는 쾌활한 모습이 저절로 드러납니다.
맨 처음 숨바꼭질의 노래.

꼭꼭 숨어라
머리카락 뵐라
쥐가 물어도 꼭꼭
쥐가 물어도 꼭꼭

고요(古謠)

옛날 동요입니다.

꼭꼭 숨어라
머리카락 뵐라

숨도 안 쉴 듯, 나붓이 숨은 모양, 그 아름다움은 다음 동요에도 이어 흐릅니다.

나불나불 다박머리
머리카락 뵐라

삐요삐요 병아리처럼
엄마 품에 숨어라

꽃 이야기 오손도손
눈을 뜨면 안 된다.

다박머리 숨어라
꼭꼭 숨어라

나불나불 종종머리
머리카락 뵐라

살금살금 새앙쥐처럼
방앗간에 숨어라

옛이야기 소곤소곤
말을 하면 못 쓴다.

종종머리 숨어라
꼭꼭 숨어라

「숨바꼭질」

눈으로 보듯 뛰어가고, 살금살금 기고, 날름 내어 다보고 하는 숨바꼭질의 모양이 종이 위에 곧 살아 움직이듯 합니다.

나불나불 다박머리
나불나불 종종머리

말의 아름다움. "다박머리" "종종머리" 등 머리로서 특징을 잡아 낸 것도 재미있습니다.

이런 어린이들의 놀음 놀이를, 슬쩍 꿈의 세계로 돌려 토끼며 쥐의 세계로 넘겨 봅시다.

    토끼토끼 모여서
    숨바꼭질 하안다

    나무뒤에 숨었다
    하얀귀가 보인다

    바위뒤에 숨었다
    하얀귀가 보인다

    숨기는 숨어도
    하얀귀가 보여서

    에구 술래한테
    이내 잡혔다

「토끼 숨바꼭질」 박목월

이렇게 토끼 세계에도 넘겨 보고

투루루루 턱
반자 속에서 투루루루 턱,

쥐가 숨바꼭질 하지.
숨바꼭질 하다가 쥐 한마리
술래한테 잡혔지.

잡긴 했어도 캄캄해서
누가 누군지 알 수 없지

「쥐의 숨바꼭질」 윤석중

쥐들의 숨바꼭질, 끝절이 재미있습니다. 이런 생각이 어린이에게 더 크고 거룩한 꿈을 줍니다.
단 한가지 숨바꼭질의 예(例)만 들었습니다 마는 이 외에 얼마든지 있습니다.

칙칙폭폭 떠나간다

어서어서 올라타라

우리동무 웃음동무

조롱조롱 올라타라

칙칙폭폭 다왔다네

어서어서 내려다오

올망졸망 우리동무

다음다음 또만나자

「기차놀이」 이파봉(李波峯)

　　동무들 조롱조롱 달고 동네 한바퀴 휘익 도는 새끼차.

　　그러나 때로는 짓궂게 남을 놀려 대는 노래가 있습니다.

옛날 옛날 옛날에

느림보가 있었다

느릿느릿 느림보

느릿느릿 느림보

아버지 심부름도 느릿느릿

어머니 심부름도 느릿느릿

하두하두 느려서

어머니도 아버지도

"소나 되거라" 하셨다

"소나 되거라" 하셨다

하루 아침 느림보

늦게 일어나보니

이마 이쪽에 뿔 한개

이마 저쪽에 뿔 한개

느림보 느림보는

소가 되었다

느릿느릿 느림보

느릿느릿 느림보

「느릿느릿 느림보」 박목월

어떻게 해서 이 느림보 노래가 되었나, 차근차근 뜯어 봅시다.

옛날 옛날 옛날에
느림보가 있었다
느릿느릿 느림보
느릿느릿 느림보

아버지나 어머니의 말씀을 듣지 않는 느림보 동생을 앞에 두고 형이 부른 노래입니다.
옛날 옛날에 느림보가 있었다 하니 옛날 이야긴가 싶어 동생은 예사로 듣습니다. 그러나 웬걸,

아버지 심부름도 느릿느릿
어머니 심부름도 느릿느릿

느림보 동생은 마음이 언짢아집니다. 자기도 아버지나 어머니의 심부름을 늘 듣지 않았는데……, 그런데

하두 하두 느려셔
어머니도 아버지도

"소나 되거라" 하셨다
"소나 되거라" 하셨다

"소나 되거라"는 바로 아까 꾸중 들을 때 어머니가 하시던 말씀입니다. 느림보 동생은 '아차 내 비슷한데?' 생각하며 어떻게 됐을까 가슴이 두근두근 합니다.

하루 아침 느림보
늦게 일어나보니
이마 이쪽에 뿔 한개
이마 저쪽에 뿔 한개

느림보가 어머니나 아버지가 하시던 말씀대로 그만 소가 되었습니다. 느림보 동생은 깜짝 놀라 자기 이마를 문득 손으로 쓰다듬어 봅니다. 아직 뿔은 솟지 않아 적이 마음이 놓이나 혹 오늘 밤 자고 나면 어떨지 슬며시 근심이 됩니다. 그래서 속으로
"이거 소가 되면 큰일인데" ……
싶어서, 어머니한테 쫓아가서 자진(自進)해 나서며

"어머니 심부름 없으세요?"
어머니를 놀라게 합니다.
"저녀석 이제 사람이 되려나"
그런데 형이 뒤에서 한 번 더 놀려 줍니다.

    옛날 옛날 옛날에
    느림보가 있었다
    느릿느릿 느림보
    느릿느릿 느림보

    엄마는 사과 팔려
    가셨나보죠.

    아가가 집을 보는
    판자 벼락엔

    "우리 엄마 사과 팔고
    어서 오너라"

유리창의 그림도
심심하니깐

엄마를 기다리다
그렸나보죠.

손가락으로 그린
아아 능금이 하나.

「장난 글」 이종택(李鍾澤)

사과를 팔러 간 엄마를 기다리다 못해 손가락으로 유리창에 그린 사과 한 개…… 그 사과에는 어린이의 서럽고 애달픈 마음이 스며 있습니다.

또한 유리창에 그린 사과 한 개를 무심히 바라보지 않는, 시를 쓰는 분의 섬세하고 인자로운 마음씨가 나타난 시입니다. 이 인자로운 눈을 가져야 비로소 어린이의 세계를, 혹은 남의 마음을 살필 수 있습니다.

5. 꽃피는 세계

연못가에 새로 핀

버들잎을 따서요

우표 한 장 붙여서

강남으로 보내면

작년에 간 제비가

푸른 편지 보고요

대한봄이 그리워

다시 찾아옵니다

「봄편지」 서덕출(徐德出)

새로 핀 버들잎의 새파란 편지가 귀엽습니다. 그 새파란 버들잎 편지는 어린이의 꿈과 그리움이 어려 있는 한 장의 편지입니다.

사랑하는 제비야
봄바람 불면
바다 천리 물 천리
넘날아 오렴.

앞둑의 수양버들
늘어진 가지
물 차는 봄을 보소
부럽지 않소
버들의 눈도 트네
눈물도 차네
봄이란 두 번 없네
제비야 오렴.

「제비」 한정동(韓晶東)

이른봄, 제비 오기를 안타깝게 기다리는 소년의 마음. "바다 천리 물 천리"를 건너 올 제비…….

바다 천리 물 천리
넘날아 오렴

바다 천리, 물 천리라는 표현이 동요로서는 지나친 것이나 늘 잊혀지지 않는 말이었습니다.

주룩주룩 봄비가
산과 들에 나리면
방울방울 맞아서
싹이 납니다

주룩주룩 봄비가
꽃밭위에 나리면
방울방울 맞아서
꽃이 핍니다.

「봄비」 목일신(睦一信)

주룩주룩 오는 봄비를

방울방울 맞아서

꽃이 핍니다

　봄비는 얼른 보기에는 주룩주룩 오는 듯하지만은 그 실제는 꽃과 잎을 피어나게 하려고 한방울 한방울 한방울, 내려옵니다. 비 한방울마다 깊은 정성이 스며 있습니다

　이 노래를 지은 분은 얼마나 자연을 삼가 두려운 마음으로 깊이 보고 있습니까. 일부러 애를 쓰지 않고 구김없는 느낌이 그대로 수르르 빠진 노래입니다.

햇볕이 좋건만은 사람이 없어

배 부리는 사공은 자고 있어요

푸른 물결 남실남실 배를 흔들고

꾀꼬리 울지만은 자고 있어요.

솜털같은 버들눈 날리는 물에

흩어져 내려오는 꽃잎을 보고

어렸을 적 놀던 일 꿈꾸노라고

나이 젊은 사공은 자고 있어요

「뱃사공」 송무익(宋戊翼)

　　조용한 자장가 같은 기분이 납니다. 여러분에게 동요의 기분[情緖]을 말하기는 어려우나 참으로 우리나라의 풍경다운 조용하게 아름다운 노래입니다. 나이 젊은 사공이 "어렸을 적 놀던 일을 꿈꾸노라고" 잔다는 구절에 깊은 뜻이 있습니다. 왜냐 하면 어릴 적 놀던 일은 사람의 가슴에 영원히 잊혀지지 않는 아름다운 꿈이 솟아나는 샘입니다.

매아미 매암매암

울기도 전에

해바라기 새아씨는

맴을 돕니다

밤새 못 본 햇님을

반겨하면서

해바라기 새아씨는

맴을 돕니다

숨기내기 햇님이
산을 넘으면
초저녁 바람결에
잠이 듭니다

하루 종일 돌던 몸이
고단하여서
쪽도리를 쓴 채로
잠이 듭니다.

「해바라기」 윤석중

여름 철에 벙긋이 피는 해바라기…… 여름의 꿈이 그냥 피어 있습니다.
햇님을 그리워하는 족두리를 쓴 해바라기 새아씨…… 햇님과 해바라기의 그 안타까운 사랑을 가슴 속에 깊이 새겨 봅시다.

아기가 올라가 보았습니다
들국화 곱게 핀 언덕에
가느른 벌레소리

삐. 삐. 삐이

를 를 를……

들국화 곱게 핀 언덕에

하늘은 파아랗다

잠자리 높이 날아가는데

아기는 피리 소리를 들었습니다.

삐. 삐. 삐이 를 를 를……

삐. 삐. 삐이 를 를 를……

「들국화 필 무렵」 임인수(林仁洙)

삐. 삐. 삐이

를 를 를……

벌레의 울음소리가 아름답습니다. "를 를 를……"은 벌레소리가 들리듯 합니다. 그러나 둘째 절 어린이가 들은 피리 소리는 호드기나 그런 피리 소리가 아닙니다. 벌레의 울음 소리입니다. "삐. 삐. 삐이 를 를 를" 피리를 부는 벌레. 그 벌레의 피리에 귀를 기울이는 어린이는 가을의 애달픈 울음 소리를 들었을 것입니다.

댑사리나무 한아름

고염나무 한포기

뜰 앞에서 조으는 암탉 한마리

우리집 마당은 고요합니다.

서리 맞아 시들은 풋고추 하나

햇볕 보고 다시 사는 호박순아기.

우리집 가을은 고요합니다

「가을」 최순애(崔順愛)

가을 풍경을 아무런 잡된 생각 없이 바라보고 느낀 대로 썼습니다. 잡된 것 없이 자연(산이나, 들이나, 가을)을 바라보는 눈은 그것대로 맑고 깨끗합니다.

바스락

바스락

자박

자박

내다보면

아무도

보이지 않고

마당 위에

발자국

오리 발자국

오리들을

찾아서

돌아다닐 때

새빨간

단풍잎이

발에 밟히네

「단풍잎」 윤석중

 흩날리는 가랑잎뿐인 쓸쓸한 뜰에 아기가 혼자 오리를 찾아갑니다.
 조용한 겨울날, 쓸쓸한 저녁 때

발에 밟히는 가랑잎의 자꾸 슬픈 소리가 귓가에 들립니다.

　　바스락
　　바스락

　　자박
　　자박

얼마나 실감이 도는 표현입니까. 가랑잎을 밟는 소리 발자국 소리가 느껴집니다.
"단풍잎"에는 쓸쓸한 가을의 해질 무렵…… 그 고요한 것이 깃든 노래입니다.

　　오늘 아침 창밑에
　　나뭇잎이요
　　옹기종기 옹크리고
　　모여 앉아서
　　어제 저녁 바람은
　　대단했다고

소곤소곤 하면서

발발 떱니다

「나뭇잎」 천정철(千正鐵)

양지쪽에서 해바라기하는 초등학교 1학년들 같은 가랑잎(가엾어라!) 얼마나 추울까 하는 마음이 이 노래에 스며 있습니다. 그 마음은 그대로 여러분 가슴 속에 사랑을 기르게 합니다.

고드름 고드름

수정 고드름

고드름 따다가

발을 엮어서

각씨님 영창에

달아 놓아요

각씨님 각씨님

안녕 하십쇼

낮에는 햇님이

문안 오시고

밤에는 달님이

놀라 오시네

고드름 고드름

녹질 말아요

각씨님 방안에

바람 들며는

손시려 발시려

감기 드실라

「고드름」 유지영(柳志永)

고드름의 맑고 아름다움…… 더욱 햇님과 달님이 문안 오시는 꽃보다 깨끗하고 아름다운 각씨방 영창 앞에 주르르 열린 수정 고드름, 밝음과 맑음이 서로 어려 있는 말 못할 아름다움입니다. 더욱 끝 절

고드름 고드름

녹질 말아요

각씨님 방안에

바람 들며는

손시려 발시려

감기 드실라

는 이 노래를 지은 분의 고운 마음씨가 나타나 보입니다. 어려운 말로 "작품의 품격(品格)"이라는 것에서 빚어지는 것입니다. 글에서 가장 어렵고 두려운 것입니다

글은 곧 사람이라는 말과 같이 글에는 저절로 지은 사람의 마음과 인격이 나타납니다.

팔락팔락 하늘꽃이

내려 옵니다

팔락팔락 보기좋게

내려 옵니다.

팔락팔락 하늘꽃이

내려 옵니다.

더러운땅 보기좋게

덮습니다.

「눈」 유원익(柳元益)

눈이 하늘에서 나비처럼 팔락팔락 팔락팔락 춤을 추는 것 같습니다. 무슨 커다랗고 길다란 이야기를 해야 노래가 된다는 생각은 어리석습니다.

그러나 "더러운 땅"이라 함은 좀 지나친 표현입니다. 땅이야 말로 시뻘겋게 흉해 보이나, 그 가슴 안에 온갖 생명을 기르는 푸근한 사랑이 깊이 스며 있습니다.

6. 구름의 세계

들국화 필 무렵에 가득 담갔던 김치를
아카시아 필 무렵에 다 먹어 버렸다.

움 속에 묻었던 이 빈 독을
엄마와 누나가 맞들어
소낙비 잘 오는 마당 한복판에 내놓았다.
아무나 알아맞혀 보세요,
이 빈 김칫독에
언제 누가 무엇을 가득 채워 주었겠나?

그렇다우,

이른 저녁마다 나리는 소낙비가

하늘을 가뜩 채워 주었다우

동그랗고 조고만 이 하늘에도

제법 고운 구름이 잘도 떠돈다우

「조그만 하늘」 강소천

김칫독에 있는 제법 고운 구름이 떠도는 작은하늘은, 사실은 큰하늘보다 더 맑은 하늘일는지 모릅니다. 조용하며 잔잔한 마음이 어려 있기 때문입니다.

누가 바람을 보았나

나도 너도 못 봤지만

나뭇잎새 흔들리면

바람 부는 줄 안다

누가 바람을 보았나

나도 너도 못 봤지만

버들나무 절을 하면

바람 가는 줄 안다.

「바람」 로세티, 박용철 옮김

일부러 지으려 애쓰지 않고 담담한 생각으로 바람을 보고 있습니다.

길로 지나가면
먼지를 피우고

마당에 들어오면
줄에 넌 빨래를 떨어뜨려
흙을 묻히고

집 뒤뜰에 가면
곱게 핀 복사꽃을
흔들어 놓고

방안에 들어오면
글 읽을 줄도 모르는게
책장만 자꾸 넘기는

심술쟁이 봄바람
울 오빠 같은 바람

「봄바람」 강소천

봄바람의 노는 꼴을 그렸습니다. 맨 끝절이 묘합니다. 이렇게 자연의 모든 모습을 여러분의 친구로 삼아 보십시오.
그리고 그들과 깊이 사귀면 여러분 마음에 새로운 이치와 자연의 오묘한 눈짓을 느끼게 됩니다.

방안에 들어오면
글 읽을 줄도 모르는게
책장만 자꾸 넘기는

심술쟁이 봄바람은 철없이 수선만 떠는 재롱둥이 동생 같습니다.

이슬비 색시비 부끄럼쟁이
소리 없이 몰래 내려오지요

이슬비 색시비 곱구 곱지요

빨강꽃에 파랑비

파랑잎에 빨강비

「비」 윤석중

　이 노래에는 꽃과 비를 둘러싸고 흐늣이 떠 감겨 있는 신비스러운 무엇이 어려 있습니다.
　불그레한 공기…… 그 불그레한 공기 속으로 깊이 비 한방울이 떨어질 때 빗방울은 빨강빛을 머금게 됩니다.

빨강꽃에 파랑비……

　이 노래가 지닌 그윽한 아름다움입니다.
　참으로 꽃송이와 빗방울을 그것만으로 보지 않고 꽃송이와 잎과 빗방울과 그리고 꽃 포기를 에워싼 은은한 공기까지 한덩어리로 보았습니다. 이 깊은 눈이 신비스러운 아름다움을 깨달은 것입니다. "이슬비 색시비는……" 조용 조용히 내리는 이슬비라는 뜻입니다

땡볕 나는데

오는비

여우비

시집가는 꽃가마에

한방울 오고

뒤에 가는 당나귀에

두방울 오고

여우비

오는비

쨍쨍 개었다

「여우비」 박목월

  볕이 쨍쨍한 날, 난데없이 비구름 한 송이가 동동 떠 와서 굵직한 빗낱 한두 방울을 떨어뜨리고 가버리는 것을 여우비(애수비)라 합니다. 그 대신 비가 주룩주룩 오는 날에 난데없이 햇볕이 잠시 나는 것은 여우볕(애수볕)이라 합니다.

  그 여우비 굵은 빗낱이 동동 날아와서는

시집가는 꽃가마에

　　한방울 오고

다시 두어 방울 동동 날아와서

　　뒤에 가는 당나귀에

　　두 방울 오고

　이런 광경(光景)은 아름답고 맑은 동화(童話) 같습니다.
　우리 나라의 시골에 가면 흔히 볼 수 있는 우리 나라다운 풍경입니다. 꽃가마를 타고, 이런 날에 이런 길에 시집가는 색시의 소박하고 귀여운 모습. 그리고 그들의 착하고 어진 마음씨……

7. 꽃나라 새나라

다람다람 다람쥐

알밤줍는 다람쥐

보름보름 달밤에

알밤줍는 다람쥐

알밤인가 하고

솔방울도 줍고

알밤인가 하고

조약돌도 줍고

「다람쥐」 박목월

다람쥐를 노래하면서 가을 달밤의 고요하고 환한 풍경을 나타내었습니다. 달밤이란 조용히 밝고 고요히 어두운 것입니다

또,

"알밤인가 하고" 라는 구절의 "인가 하고"의 재미있는 사용법(使用法)을 주의하십시오. "인가 하고"는 알밤일까 싶어서의 뜻. "……일까 싶어서"는 말이 늘어지는 것이나 "인가 하고"는 가볍고 귀엽습니다. "……일까 싶어서"보다 "인가" "하고"의 "인가"에서 떼고 "하고"로 이어서 이 끊어졌다 다시 살아나는 소리가 "일까 싶어서"의 뜻을 더 깊이 나타내는 것입니다.

물 한모금
입에 물고

한늘 한번
처다보고

또 한모금

입에 물고

　　　구름 한번
　　　처다보고

　　　　　　　　　「닭」 강소천

　물 한모금 입에 물고 하늘 한번 처다보는 닭의 동작(動作)은 우리 마음 속에 끝없는 것을[永遠感] 느끼게 하는 하나의 귀여운 모습입니다.
　작고 귀여운 병아리들이 그 넓고 아득한 하늘을 쳐다보는 모습은 우리에게 아무리 작은 미물이라도 "하늘을 안다"는 느낌을 줍니다. 이 느낌은 우리에게 참으로 귀중한 것입니다

　　　냇물결 언덕위에
　　　제비꽃 하나

　　　물새보고 방끗 웃는
　　　제비꽃 하나

고운얼굴 물속에

비추어 보며

한들한들 춤추는

제비꽃 하나

「제비꽃」 장효섭(張孝燮)

냇물가 언덕 위에 바람에 간들간들 불리는 제비꽃(오랑캐꽃) 하나…… 짙은 보랏빛 고운 얼굴을 물속에 비쳐 보기도 하고…… 조용하게 귀엽습니다.

우물가의 나팔꽃

곱기도 하지

아침마다 첫인사

방끗 웃어요

점심때 우물 가에

다시 와보면

방끗방끗 반가워

놀고 가래요

동무하고 놀다가

늦게 와보니

노여워 입 다물고

말도 말재요

「나팔꽃」 곽노엽(郭盧葉)

　나팔꽃은 아침에 피었다가 점심참이 지나고 해가 기울면 그만 오물어 버립니다. 아기는 아하 자기가 같이 놀지 않았더니 노여워 입을 다물었나 생각합니다. 아기의 고운 마음이 잘 나타났습니다.

　동물을 노래한 것은 절로 활발하거나 동작이 아름다운 것이 많은 반대로 식물은 언제나 조용하며 "아름다운 생각"을 노래한 것이 많습니다.

건너갑니다 외나무다리

　달밤에 도련님이 천자책 끼고

건너갑니다 외나무다리

　달밤에 아가씨가 물동이 이고

건너갑니다 외나무다리

　　　달밤에 다람쥐가 밤 한톨 물고

　　　　　　　　　　「외나무 다리」 윤석중

　달밤의 경치입니다. 도련님, 아가씨, 다람쥐의 세 가지 재료로 달밤을 꾸미었습니다.

　첫째 절은 달밤이 갖는 그윽하고 아름아름한 것을 "옛날"이라는 안개로 살픈 덮었습니다

　　　달밤에 도련님 천자책 끼고

　이 구절에 도련님이 천자책 끼고 서당에 밤글 읽으려 다니는 것은 벌써 한시절 옛날입니다.

　그래서 첫절에서 옛날의 어른한 그림자를 내걸어 달밤의 무언지 모르게 아득한 느낌을 나타냈습니다.

　다음 절에는

　달밤이 갖는 그윽한 것. 고개를 숙이고 멀리 길이라도 가고 싶은 달밤이기 때문에 안 길어도 될 물을 긷는 아가씨로서 나타내었습니다. 그러나 첫절 두

절에 있는 시(時)의 세계를 끝절 다람쥐로써 용하게 동요로 이끌어 왔습니다.

8. 자장가

자장가는 우리가 이 세상에 나서 맨 처음으로 듣게 될 꿈과 축복과 평안함을 주는 노래입니다. 자장가의 축복을 받은 사람은 한평생을 지나가는 동안 꿈꾸는 즐거움을 얻게 됩니다.

자장 우리아기
울잖고 잘 자네
자며는 이쁜이
울며는 미움보

자장 우리아기

사르르 눈감네

자며는 이쁜이

울며는 미움보

자장 우리아기

쌕쌕쌕 코고네

자며는 이쁜이

울며는 미움보

자장 우리아기

미움보 될리있나

울잖고 잘자네

우리아기 이쁜이

「자장가」 이춘원

잔잔한 사랑이 고요히 고여 있는 노래입니다.

자며는 이쁜이

울며는 미움보

고운 구절입니다.

    사르르 눈 감네

    쌕쌕쌕 코 고네

모두 조용함이 어려 있는 구절입니다.

    자거라 자거라

    우리 아가야

    눈감고 꿈나라

    어서 가 놀자

    엄마는 실버들

    너는 꾀꼬리

    춤 추며 노래로

    즐겁게 놀자

    자거라 자거라

    우리 아가야

    눈감고 꿈나라

    어서 가 놀자

엄마는 돛단배

너를 태우고

용궁의 은쟁반

낚아 올까나

자거라 자거라

우리 아가야

눈감고 꿈나라

어서 가 놀자

엄마는 이슬비

너는 진달래

구름속 선녀들

손뼉 친단다

「자장가」 최수복(崔守福)

엄마는 이슬비

너는 진달래

이 구절이 묘합니다. "잠"은 하늘에서 오는 것이라 하기보다 엄마 가슴속에서 이슬비처럼 자욱이 흘러

나와서 진달래 같은 아기의 얼굴에, 손에, 발에 스며
듭니다.

    이슬비에 조용히 젖는 진달래……는
    자욱한 졸음에 고요히 잠드는 아기……

얼마나 아름다운 생각입니까.

    아가야 착한 아기 잠 잘 자거라
    초저녁 달을 보고 멍멍 짖다가
    심심해 바둑이도 잠이 들었다

    아가야 착한 아기 잠 잘 자거라
    아무리 불어봐도 소리가 안나
    성이나 나팔꽃도 잠이 들었다

    아가야 착한 아기 잠 잘 자거라
    모여서 소근소근 채송아들도
    입들을 꼭 다물고 잠이 들었다

아가야 착한 아기 잠 잘 자거라
집 없는 잠자리도 풀잎에 앉아
눈물이 글썽글썽 잠이 들었다

「자장가」 윤석중

바둑이, 나팔꽃, 채송화꽃, 잠자리…… 하나 하나의 잠자는 모습을 노래했습니다.

어머니를 여읜 바둑이도 채송화도 잠자리도 모조리 하느님의 뒤원 안에서 조용히 잠이 듭니다. 어디인지 눈물이 고이는 쓸쓸한 자장가입니다.

자장자장 자장나라
포랑새도요
코록코록 녹두밭에
한잠 자는데
또록눈 꼬옥감고
한잠 자는데
자장 자장 자장
자장 자장 자장
자장 자장 자장나라

포랑새도요

코록코록 녹두밭에

벌써 잤는데

또록눈 꼬옥감고

벌써 잤는데

자장 자장 자장

자장 자장 자장

「자장가」 박목월

잠이 주는 행복(幸福)스러운 조용함…….

새야새야 파랑새야

녹두밭에 앉지마라

여러분이 잘 아시는 「파랑새」의 노래를 나지막하게 부를 때 느끼는 약간 서러우면서도 조용한 것, 그래서 그 「파랑새」에 나오는 녹두밭에, 눈들을 꼬옥 감고 자는 포랑새(파랑새의 사투리)를 노래했습니다.
둘째 절은 첫절과 같으면서 "한참"과 "벌써"만 바꾸어 좀 깊이 잠이 든 느낌을 노래에 어리도록 애썼습니다.

쥐암쥐암 잘자는

우리 아기는

바람에도 꿈에도

졸음 온다오

자장 자장 잘자는

소록잠은

흰나비가 한오리

물어 온다오

오름오름 잘자는

우리 아기는

눈썹에도 귀에도

졸음 맺어요

자장 자장 잘 자는

소록잠은

은별님이 한오리

보내 준다오

「자장가」 박목월

　은별님이 보내고 흰나비가 물어 오는 졸음 한오리 한오리…… 아기의 잠은 얼마나 이쁘고 귀여운 것일까요.

◈ 재간행 후기 ◈

박목월 선생님의 『동시 교실』(아데네사, 1957년)은 처음 간행된 이후 세상에 크게 유통되지 못하고 이내 그 자취를 감춘 책이다. 아마 전후의 혼란 속에서 제대로 독자들에게 읽히지도 않고 사라진 것으로 보인다. 이 책은 박목월 선생의 동시에 대한 최초의 저술이라는 점에서 그 의미가 크다.

현대시인 중에서 박목월 선생처럼 동시에 깊은 관심을 가졌던 시인은 많지 않다. 우리 현대시 초기에 정지용, 윤동주, 백석 등 일부 시인들만이 드물게 동시에 관심을 가지고 창작했던 예가 있다.

정지용의 추천을 받고 문단에 등단한 목월로서는 동시에 대한 관심이 자연스러운 일인 것처럼 느껴지기도 하였겠지만 그보다는 그 자신이 『초록별』(1946), 『산새알 물새알』(1962) 등의 동시집을 내기도 했으며 「송아지」라는 전국민이 사랑하는 동시를 발표한 적이 있었던 것으로 보아 생래적으로 동시에 깊은 애정을 갖고 있었으리라고 생각된다.

특히 이 책을 저술할 무렵 목월 선생은 그의 자제들이 막 성장하고 있던 무렵이라 모든 어버이가 그러하듯이 자라나는 세대들에게 동시를 자상하게 가르쳐 주고 싶은 마음을 느꼈으리라고 생각한다. 또한 다시 그 내용을 살펴 볼 때 오늘의 어린이들에 그대로 읽혀도 그 새로움이 생생하게 살아 있다고 해도 과언이 아니다.

먼지가 가득한 서고에 묻힌 이 책을 발굴하고 다시 세상에 내놓는 것은 박목월 선생의 이런 뜻이 모든 부모들의 마음과 같이 푸르게 되살아나기를 바라는 마음에서이다. 도서관 서고에서 이 책의 견본을 찾아 대여해 주시고 발간할 수 있도록 도움을 주신 원로 아동문학 평론가 이재철 선생님에게 감사드리며 박목월 선생님의 큰아들 박동규 선생님의 허락과 적극적인 도움에 깊이 감사드린다.

두 분의 도움이 없었다면 반세기가 지난 오늘 이 책이 다시 세상의 다사로운 빛을 만나기는 쉽지 않았을 것이다.

마지막으로 이 책을 위해 표지화와 본문 컷을 그려주신 김선두 화백에게 고마움을 전하며 문흥술 교수의 도움도 기록해 두고자 한다.

2009년 5월
편집자 최동호 씀